Verwendung der Bestimmungstabelle

Die farbige Übersichtstabelle auf den vorderen und hinteren
Klappen dieses Buches hilft Ihnen bei der schnellen Bestimmung
der Blütenpflanzen. Sie verknüpft auf einen Blick die wichtigen
Bestimmungsmerkmale Blütenfarbe, Blütenform und Hauptblütezeit und führt Sie schnell zur richtigen Seitenzahl, auf der
die Pflanze gezeigt wird.

Die Blütenfarbe
Zunächst suche man sich am Rand die richtige Blütenfarbe aus:
Weiß, Gelb, Rot (gilt auch für rosafarbene Blüten), Blau (gilt auch
für Violett) oder Grün. Dann schaue man der Blüte ins Auge.

Die Blütenform
Hat die Blüte höchstens vier Blütenblätter, fünf Blütenblätter,
mehr als fünf oder sind ihre Blüten zweiseitig-symmetrisch wie
beim Veilchen? Jede dieser vier Blütenformen hat ihre eigene
Spalte mit den fünf Blütenfarben.

Die aktuell blühenden Pflanzen
Haben Sie nun Blütenfarbe und Blütenform miteinander verbunden, so finden Sie dort die Monate März bis September sowie die
Gruppe der „Dauerblüher" aufgeführt. Schauen Sie nun einfach
unter dem aktuellen Monat nach. Die Seitenangaben führen Sie
direkt zu den aktuell blühenden Pflanzen mit dieser Blütenfarbe
und Blütenform.

Der Vergleich mit den Fotos
Und wenn man dann die wenigen Seiten durchblättert und die
Pflanze mit den Fotos und Bestimmungsmerkmalen vergleicht,
findet man schnell die Gesuchte.

W0180082

Eva und Wolfgang Dreyer

Was blüht
im Frühling,
Sommer, Herbst und
Winter?

KOSMOS

Impressum

Mit 243 Farbfotos von G. Ewald (1), F. Hecker (14), F. Hecker/ F. Sauer (1), K.-H. Jacobi (4), R. König (25), H. Laux (37), W. Layer (2), M. Pforr (47), E. Pott (19), H. Reinhard (50), R. Schmidt (7), J. Vogt (1), K. Wagner (6), W. Willner (14), P. Zeininger (8), P. Zeininger/ M. Kühn (7), 9 Farbzeichnungen auf der hinteren Klappe (Blütenformen und ihre bestäubenden Insekten) von Marianne Golte-Bechtle, 96 Schwarzweißzeichnungen (Botanische Fachausdrücke im Bild) von Marianne Golte-Bechtle (84) und Wolfgang Lang (12), 7 farbigen Biotop- und 4 schwarzweißen Blüten-form-Symbolen von N. Baasner sowie einer farbigen Klima-karte von Jochen Fischer.

Umschlaggestaltung von Fried-helm Steinen-Broo, eStudio Calamar, Pau (Spanien), unter Verwendung einer Aufnahme von H. Reinhard (Vorderseite Hauptmotiv: Europäische Troll-blume, *Trollius europaeus*) sowie zweier Aufnahmen von W. Layer (Vorderseite oben: Herbst-Zeitlose, *Colchicum autumnale*; Rücken: Kornblu-me, *Centaurea cyanus*).

Seite 2/3: Wiesen-Glockenblu-men mit Wiesen-Klee und Gewöhnlichem Hornklee

Die Deutsche Bibliothek – CIP-Einheitsaufnahme

Der Titelsatz für diese Publika-tion ist bei der Deutschen Bibliothek erhältlich

Informationen senden wir Ihnen gerne zu

Bücher · Kalender · Spiele
Experimentierkästen · CDs · Videos
Natur · Garten & Zimmerpflanzen ·
Heimtiere · Pferde & Reiten ·
Astronomie · Angeln & Jagd ·
Eisenbahn & Nutzfahrzeuge ·
Kinder & Jugend

KOSMOS

Postfach 10 60 11
D-70049 Stuttgart
TELEFON +49 (0)711-2191-0
FAX +49 (0)711-2191-422
WEB www.kosmos.de
E-MAIL info@kosmos.de

Gedruckt auf chlorfrei gebleichtem Papier

© 2002, Franckh-Kosmos Ver-lags-GmbH & Co., Stuttgart
Alle Rechte vorbehalten
ISBN 3-440-09132-5
Lektorat: Oliver Chr. Weber, Annegret Kuhn
Grundlayout: Friedhelm Stei-nen-Broo, eStudio Calamar
Produktion: Siegfried Fischer, Lilo Pabel
Printed in Italy/Imprimé en Italie
Satz und Reproduktion: Typomedia GmbH, Ostfildern
Druck und Bindung: Printer Trento S.r.l., Trento

Inhalt

Was blüht im Frühling, Sommer, Herbst und Winter?

Blumen sind die Lieblings-gedanken der Natur

Vor zweihundert Jahren schrieb die Lyrikerin Bettina von Arnim diese poetische Zeile.

Eine bunte Blumenwiese ist ein Teppich voller leuchtender Farben. Keine Blume gleicht

Um die gelbe Blütenmitte breitet sich bei der Wald-Erdbeere ein Kranz von weißen Blüten-blättern als Werbefläche aus.

der anderen. Eine schier unübersehbare Fülle an Formen und Farbnuancen erobert sich unsere Augen. Doch wozu ist die Fülle da? Für wen sind die Blüten als Blickfang gedacht?

Einst war es der Wind, der die Gene der Pflanzen mit sich forttrug und ihre Vermischung mit Gleichartigen ermöglichte. Noch heute leben die Nadel-bäume und Gräser nach diesem uralten Erfolgsprinzip. Doch irgendwann im Laufe der Zeit brachte es Pflanzen einen

Vorteil, ihre Gene Tieren anzu-vertrauen, um den Transport sicherzustellen. Das verlangte Leistungen von beiden Seiten.

Viele Insekten übernahmen diese Aufgabe als Gegenleis-tung für Nektar und Pollen. Der Pollen diente ihnen als Eiweiß- und Vitaminspender, der Nektar der Blüten als

Der Blütenstand der Wiesen-Flockenblume täuscht eine Einzelblüte vor. Die Randblüten sind zur besseren Schauwirkung vergrößert.

Betriebsstoff zum Fliegen. Die Pflanzen borgten sich also die Beweglichkeit der Tiere und gaben ihnen die Energie dazu.

Dieser gegenseitige Nutzen wurde zu einem Faktor der Evolution: Die Pflanzen pass-ten sich vielfach den Bestäu-bern an und entwickelten farbi-ge und vielgestaltige Blüten. Die tierischen Bestäuber ihrer-seits entwickelten eine Vorliebe für bestimmte Pflanzen und bildeten sogar Pollenbürsten oder besondere Sammelein-richtungen aus.

Damit die wechselseitige Beziehung auch auf Dauer klappte, mussten die Pflanzen unverwechselbar werden. Viele Blumen entwickelten eine „Leuchtreklame" mit Fernwirkung, oder viele kleine Blüten erwecken den Gesamteindruck einer lohnenden Großblüte, wie etwa beim Gewöhnlichen

Pflanzen und wir

In allen Zeiten der Menschheitsgeschichte nutzte man Pflanzen zur Heilung. Vielfach mit großem Erfolg. Ein wichtiger Bestandteil der Heilkunde war in früherer Zeit die so genannte Signaturenlehre. Danach sind alle Pflanzen zum Wohle des Menschen erschaf-

Leberblümchen mit Busch-Windröschen im Frühlingswald

Schneeball oder bei der Wiesenflockenblume.

Manche Pflanzen entwickelten Landehilfen mit Wegweisern zu Pollenlagern und Narben. Wieder anderen gelang es sogar, den Lockduft eines paarungsbereiten Insekts nachzuahmen, wie mancher heimischen Orchidee. Dieses Spiel wird nie zu Ende sein.

Es macht einfach Spaß, hinauszugehen und den Blütengeheimnissen auf die Spur zu kommen. Monat für Monat.

fen. Gegen jede Krankheit ist „ein Kraut gewachsen".

Damit der Mensch auch erkennt, welches Kraut gegen welche Krankheit hilft, seien die Pflanzen mit bestimmten Merkmalen ausgestattet. Diese „Signaturen" gäben Hinweise auf ihr Anwendungsgebiet. Die Klette beispielsweise weist eine starke Behaarung auf, daher hielt man sie für ein gutes Mittel gegen Haarausfall. Weil das Leberblümchen leberähnliche Blätter trägt, wurde es bei Leberschäden verwendet. Selbst die Flecken auf den Blättern des Lungenkrautes wurden als Hinweis auf die Wirksamkeit dieser Pflanze bei Lungentuberkulose gedeutet. Der Arzt und Naturphilosoph Paracelsus (1494–1541) nahm diese Vorstellungen auf und schuf daraus die Signaturenlehre, die seitdem mit seinem Namen verbunden ist.

Die heutige Medizin und die Wissenschaft der Phytotherapie haben sich mit der Frage befasst, ob die Ratschläge aus der Signaturenlehre auch wissenschaftlichen Untersuchungen standhalten. Das Ergebnis in Kürze: Manche ja, viele nicht.

Ein Herbar aus Bildern

Ein Pflanzenherbar ist eine wissenschaftliche Sammlung gepresster und getrockneter Pflanzen. Es ist sehr aufwändig herzustellen und schwierig als Sammlung zu erhalten. Einfacher ist es schon, sich eine Sammlung aus Farbfotos anzulegen. Die Pflanzenfotografie ist eine große Herausforderung. Aber es macht Freude, immer wieder mit Bildern in seinen Erinnerungen zu blättern.

Drei Voraussetzungen müssen erfüllt sein, um Pflanzen zu fotografieren: Eine Spiegelreflexkamera mit einem Makro-Objektiv, ein stabiles Dreibeinstativ und viel Ruhe. Hat man seine Blüte eingestellt und im Sucher das Bild komponiert, kommt das Entscheidende: Die Überprüfung der Bildwirkung mit der tatsächlichen Blende. Das klingt kompliziert, ist aber sehr einfach. Verwendet man beispielsweise ein Belichtungsprogramm, das die

Auf einer gelungenen Aufnahme blüht das Schneeglöckchen das ganze Jahr über.

Belichtungszeit festlegt, stellt die Kamera die Blende variabel ein. Liegt sie bei kleinen Werten wie 2 oder 3,5, wird die Schärfentiefe sehr gering. Dann ist die Blüte pastellartig und zart. Liegt die Blende bei Werten um 11 oder 16, wird die Schärfentiefe sehr groß und der ganze Hintergrund mit abgebildet. Dort können dann trockene Halme oder wirre Strukturen das ganze Bild zerstören. Deshalb vor jeder Aufnahme immer den Abblendhebel drücken, um die endgültige Blende zu sehen! Bei jeder

Kamera ist er anders gebaut, aber immer vorhanden.

„Nie ohne Stativ" ist das wichtigste Motto bei der Blütenfotografie. Je weniger Motiv und Kamera verwackeln, umso schärfer wird das Bild.

Besonders eindrucksvoll werden die fotografischen Erinnerungen, wenn der Fotograf mit zahlreichen Einstellungen die Perspektive wechselt und wie in einem geschnittenen Film eine Komposition aus verschiedenen Blickwinkeln, Abständen und Größenmaßstäben gestaltet. Die Totale zeigt den Standort, die Halbtotale die Wuchsform und das Makrobild aufregende Details.

Wo Pflanzen früher oder später blühen

Schon seit langer Zeit definiert man in der Wetterkunde die Jahreszeiten nach Blütenpflanzen: Der Vorfrühling beginnt, wenn die Schneeglöckchen blühen. Mit der Apfel- und Fliederblüte hält der „Vollfrühling" seinen Einzug. Sommer ist es, wenn der Schwarze Holunder blüht. Der Frühherbst beginnt, wenn die Herbstzeitlose blüht und die Holunderbeeren reifen. Als „Vollherbst" bezeichnet man die Zeit der Fruchtreife bei der Rosskastanie. Diese Pflanzen und einige mehr werden seit Jahrzehnten von vielen freiwilligen Helfern erfasst und an Datenzentralen wie den

Deutschen Wetterdienst gemeldet. Aus solchen Daten entstehen „phänologische Karten".

Die Karte der Blütezeit auf den nächsten beiden Seiten zeigt mit unterschiedlichen Farben, wo Pflanzen früher oder später blühen.

Der gelbe Farbton bezeichnet die Hauptblütezeit der Arten, wie sie im Buch angegeben ist. Die abgestuften Orangetöne zeigen an, wo die Pflanzen früher blühen, und zwar von Stufe zu Stufe jeweils um zwei Wochen. In blau eingefärbten Regionen verzögert sich die Blüte um zwei bzw. vier Wochen.

Ein Beispiel: Wenn die Apfelbäume in Leipzig blühen, blühen sie auch in Bern. In Wien allerdings waren sie schon zwei Wochen früher dran und in Rostock wird es noch zwei Wochen dauern, bis sie ihre Knospen öffnen.

Diese Verschiebung der Blühzeiten ist besonders deutlich im Vorfrühling zu erkennen. Ist in Freiburg das Scharbockskraut schon lange verblüht, beginnt es in Poznań gerade erst Knospen zu schieben. Vergleicht man aber im Juli beispielsweise die Blütezeit des Echten Mädesüß in verschiedenen Regionen, so ist sie fast überall gleich. Mit dem Monat Juli verlieren sich in Mitteleuropa die unterschiedlichen Blühzeiten.

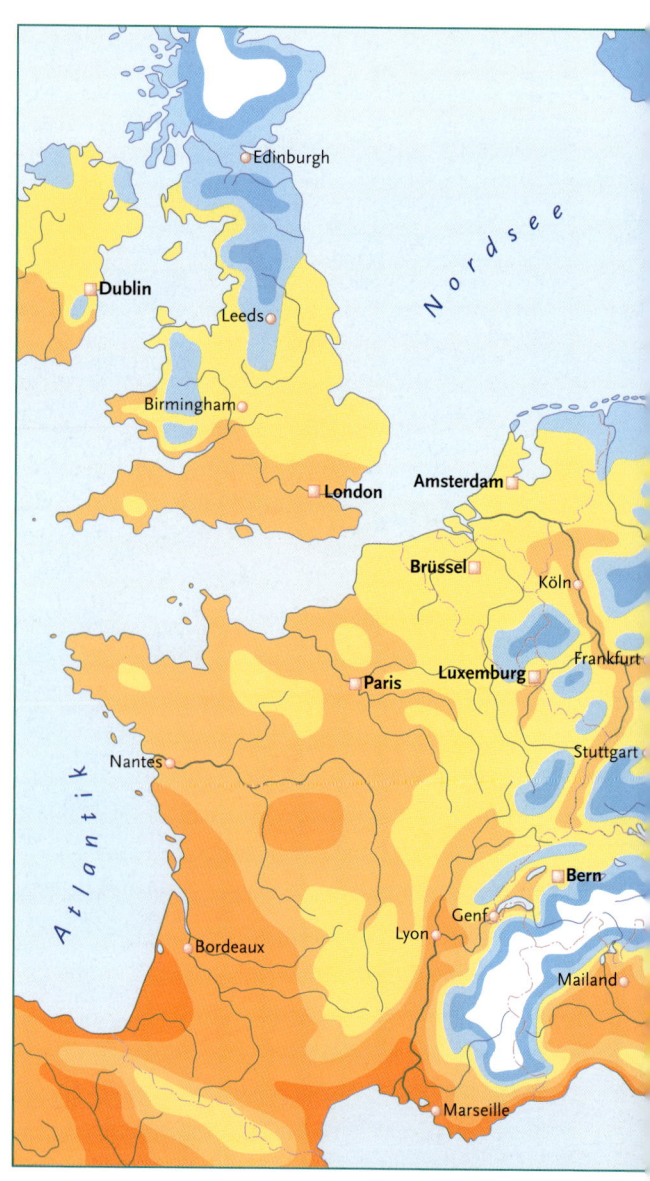

Karte der Blütezeit

- 4 Wochen später
- 2 Wochen später
- angegebene Blütezeit
- 2 Wochen früher
- 4 Wochen früher
- 6 Wochen früher
- Bergvegetation

Stockholm

Göteborg

Kopenhagen

O s t s e e

Rostock · Danzig · Kaliningrad

Hamburg

Hannover · Berlin · Warschau

Leipzig

Prag · Krakau

München

Wien · Bratislava

Innsbruck

Budapest

Ljubljana

Venedig · Zagreb

A d r i a

Belgrad

Florenz

Hinweise zur Benutzung

Mit seinem neuartigen Bestimmungskonzept nach den Hauptblütezeiten wendet sich dieses Buch an Naturliebhaber und Fotografen, die unsere bunte Welt der Blütenpflanzen kennen lernen möchten. Vorgestellt werden die häufigsten und bekanntesten Wildblumen und einige charakteristische Bäume und Sträucher.

Das Buch bietet erstmals die Möglichkeit, 230 heimische Blütenpflanzen **monatsweise von März bis September** geordnet zu suchen und zu finden. Und weil es auch Wildblumen gibt, die fast das ganze Jahr blühen, gibt es zusätzlich ein Kapitel „**Dauerblüher**". Mit Hilfe der **Karte der Blütezeit** (S. 10/11) lassen sich abweichende Blühzeiten für jede Region leicht erkennen.

So kann zum einen einer der Nutzer des Buches zu jedem Zeitpunkt des Jahres nachschlagen, welche Blütenpflanzen gerade in der Natur zu erwarten sind und sich gezielt auf die Suche machen. Zum andern lassen sich mit Hilfe dieses Buches unbekannte Pflanzen draußen in der Natur rasch und einfach bestimmen. Für diesen Fall nehme man die farbigen **Bestimmungstabellen** auf den vorderen und hinteren Klappen des Buches mit dem Titel „**Was blüht in diesem Monat?**"

Anhand von **Blütenfarbe**, **Blütenform** (Erklärung der Symbole siehe vordere Umschlagklappe) und **Blütezeit** findet man schnell die Seite im Artenbestimmungsteil, auf der die gesuchte Pflanze ausführlich beschrieben wird. Hier sind jeweils im farbig unterlegten Kasten alle wichtigen Informationen zur Pflanzenbestimmung kurz und übersichtlich zusammengefasst: **Blütezeitraum** und **Wuchshöhe**, der Lebensraum anhand eines **Biotopsymbols** (Erklärung siehe vordere Umschlagklappe), wichtige **Merkmale** sowie **Vorkommen** der Pflanze in Stichwörtern. Der Haupttext erzählt Wissenswertes über die Biologie der Blumen, ihre Bedeutung im Naturhaushalt und für uns.

Die Namen der Pflanzen
Um Verwechslungen auszuschließen, führte der schwedische Botaniker Carl von Linné ein wissenschaftliches Namenssystem ein. Jede Pflanze bekam einen Namen aus zwei Teilen. In den meisten Fällen wurden sie dem Lateinischen oder Griechischen entnommen. Der groß geschriebene erste Name gibt die Gattung an, der klein geschriebene zweite Name die Art. Ein Beispiel: *Bellis perennis*. Damit ist das Gänseblümchen weltweit eindeutig benannt.

Ein paar Grundbegriffe

Eine Reihe botanischer Fachausdrücke sind für das Bestimmen von Pflanzen unverzichtbar und werden im Folgenden kurz erläutert. Die wichtigsten Begriffe sind darüber hinaus auf den folgenden vier Seiten als schematische Zeichnungen verdeutlicht.

Blütenkrone

Die Kronblätter gehören zur Blüte und sind weiß oder bunt gefärbt. Sie können alle die gleiche Größe und Form haben oder in Größe und Form verschieden sein. Bei manchen Pflanzen, wie etwa beim Gänseblümchen, sind die Teile, die wie Blüten- oder Kronblätter aussehen, in Wirklichkeit ganze Blüten. Sie stehen zu vielen in einem Körbchen zusammen. Bei anderen, beispielsweise der Brennnessel, fehlen die Kronblätter ganz.

Kelch

Bei den meisten Pflanzen umgibt ein Kreis grüner Kelchblätter die bunten Kronblätter. Gelegentlich sind sie auch gleichfarbig.

Staubblätter

Im Inneren der Kronblätter stehen die Staubblätter. Sie bestehen aus dem Staubfaden und dem Staubbeutel mit den Pollenkörnern.

Narbe

Sie ist ein Teil des weiblichen Organs der Blüte und nimmt den Blütenstaub auf.

Blüten

Sie können gestielt oder ungestielt und auf verschiedenste Weise in Blütenständen angeordnet sein, in Gruppen, Knäueln oder Köpfchen. Diese können einzeln an der Spitze eines Stängels stehen oder auf der ganzen Länge darüber verteilt sein.

Früchte

Die Vielfalt der Früchte ist erstaunlich. Es gibt Hülsen und Schoten, die sich bei Trockenheit öffnen und die Samen freigeben. Andere Pflanzen entwickeln Beeren, Nussfrüchte oder Steinfrüchte.

Blätter

Es sind die verschiedensten Formen zu finden. Sie können abwechselnd am Stängel wachsen, sich paarweise gegenüber stehen, über den ganzen Stängel verteilt sein oder dicht über dem Boden eine Rosette bilden.

Unterirdische Pflanzenteile

Je nach Lebensweise sind die Wurzeln pfahlförmig, knollig oder als Rübe ausgebildet, besitzt die Pflanze eine Zwiebel oder ein weit verzweigtes Rhizom.

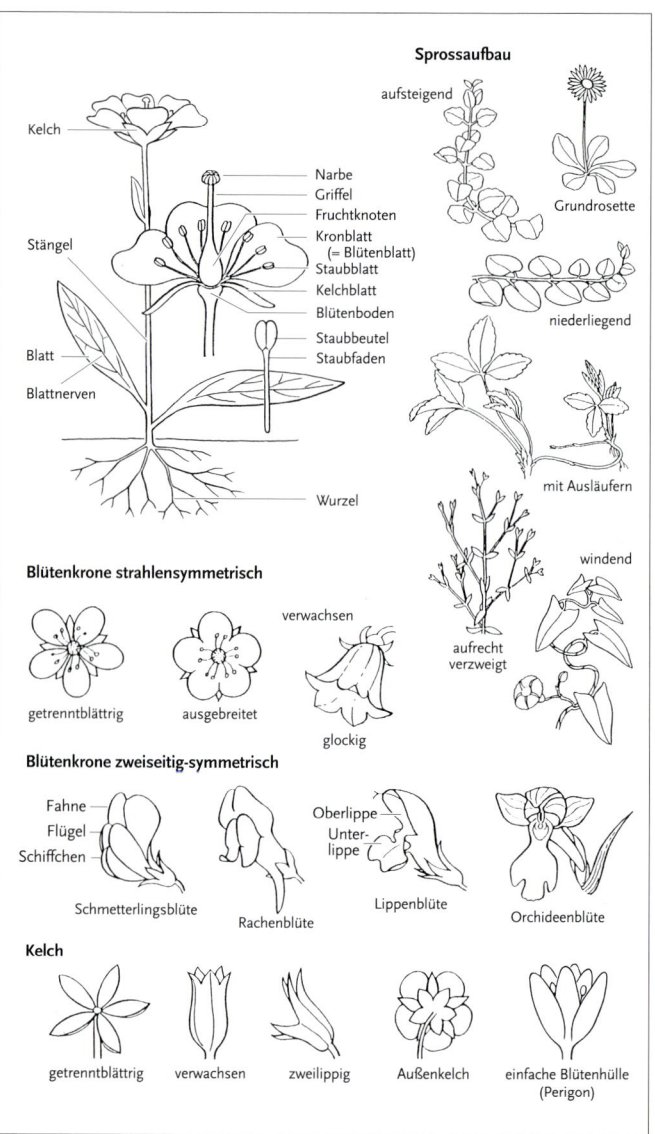

Sprossaufbau

aufsteigend

Grundrosette

Kelch

Narbe
Griffel
Fruchtknoten
Kronblatt
(= Blütenblatt)
Staubblatt
Kelchblatt
Blütenboden

Stängel

Staubbeutel
Staubfaden

niederliegend

Blatt

Blattnerven

mit Ausläufern

Wurzel

windend

aufrecht
verzweigt

Blütenkrone strahlensymmetrisch

verwachsen

getrenntblättrig

ausgebreitet

glockig

Blütenkrone zweiseitig-symmetrisch

Fahne
Flügel
Schiffchen

Oberlippe
Unterlippe

Schmetterlingsblüte

Rachenblüte

Lippenblüte

Orchideenblüte

Kelch

getrenntblättrig

verwachsen

zweilippig

Außenkelch

einfache Blütenhülle
(Perigon)

Blütenstände

Ähre

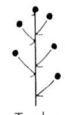
Kolben

Traube

seitliche Ähre

Rispe

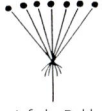
einfache Dolde

zusammen-
gesetzte Dolde

Doldentraube

Doldenrispe

Blüten in Köpfchen

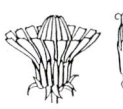
Hüllblätter

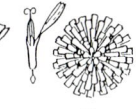
Zungenblüten

Röhrenblüten

außen Zungen-,
innen Röhrenblüten

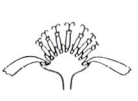
Blütenboden mit
Spreublättern

Schließfrüchte

Öffnungsfrüchte

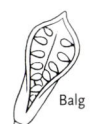
Balg

Hülse

Steinfrucht

Nuss

Beere

Schote

Kapsel

Sammelfrüchte

Sammel-
Steinfrucht

Sammel-
Nussfrucht

Apfelfrucht

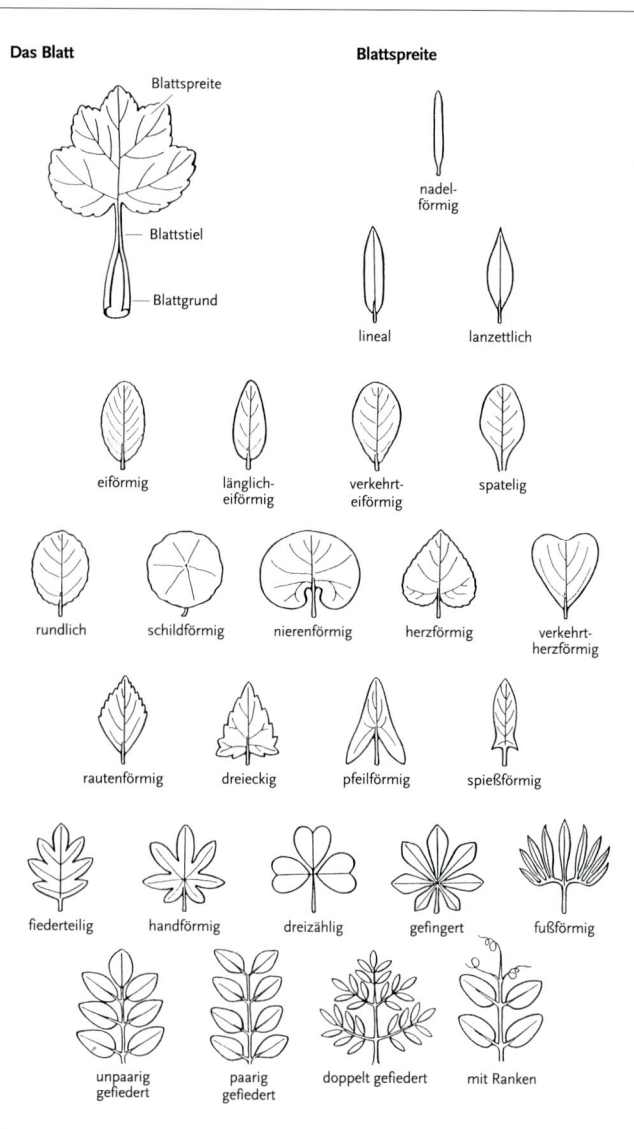

Das Blatt

Blattspreite

Blattstiel

Blattgrund

Blattspreite

nadel-förmig

lineal

lanzettlich

eiförmig

länglich-eiförmig

verkehrt-eiförmig

spatelig

rundlich

schildförmig

nierenförmig

herzförmig

verkehrt-herzförmig

rautenförmig

dreieckig

pfeilförmig

spießförmig

fiederteilig

handförmig

dreizählig

gefingert

fußförmig

unpaarig gefiedert

paarig gefiedert

doppelt gefiedert

mit Ranken

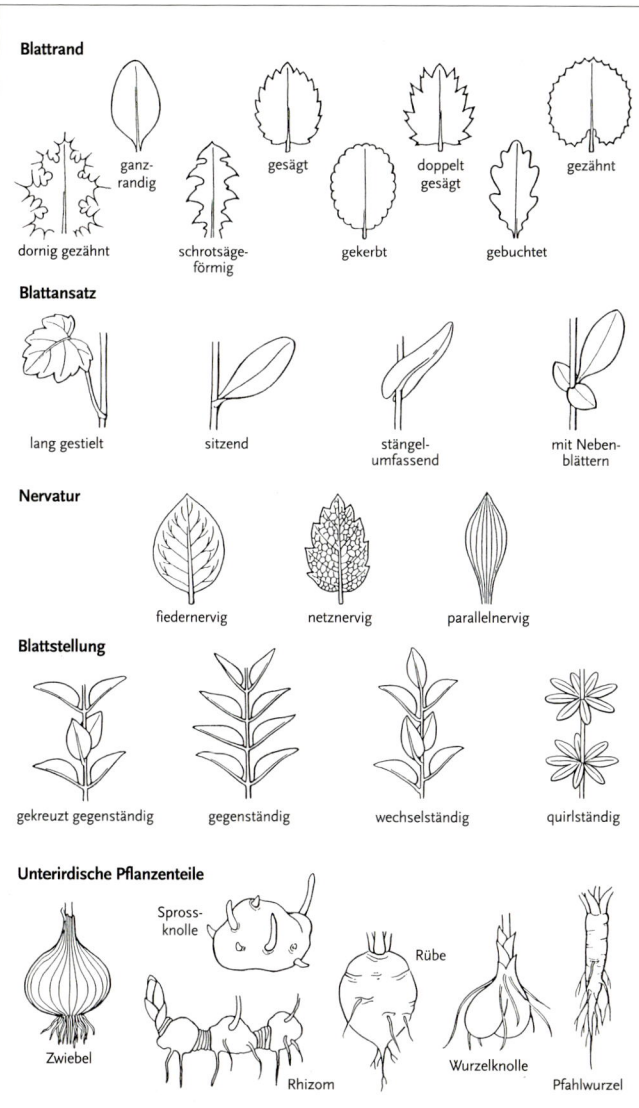

Blattrand

ganzrandig

gesägt

doppelt gesägt

gezähnt

dornig gezähnt

schrotsägeförmig

gekerbt

gebuchtet

Blattansatz

lang gestielt

sitzend

stängelumfassend

mit Nebenblättern

Nervatur

fiedernervig

netznervig

parallelnervig

Blattstellung

gekreuzt gegenständig

gegenständig

wechselständig

quirlständig

Unterirdische Pflanzenteile

Zwiebel

Sprossknolle

Rhizom

Rübe

Wurzelknolle

Pfahlwurzel

MÄRZ

APRIL

MAI

JUNI

JULI

AUG.

SEPT.

DAUERBLÜHER

März

Frühlingserwachen
auf der Bergwiese.
Dort wo die Sonne
den Schnee wegge-
schmolzen hat, blühen
nun Tausende von
Krokussen. Den Früh-
ling bringen Pflanzen
zu uns, die man Geo-
phyten nennt. Sie
überdauern den Win-
ter unterirdisch in
Knollen, Zwiebeln
oder Wurzelstöcken.
In diesen Speicheror-
ganen verfügen sie
über alle Nährstoffe,
um schnell, vor Blät-
tern und Stängeln,
Blüten auszubilden.
Viele Frühblüher leben
im Laubwald. Die
wärmespeichernde
Laubstreu des Vorjah-
res bietet ihnen
zusätzliche Starthilfe.
Für die ersten Insek-
ten des Jahres sind
Frühblüher wichtige
Nektarquellen.
Besonders Schmetter-
linge, die als Falter
überwintern, wie der
Zitronenfalter, leben
davon.

MÄRZ

APRIL

MAI

JUNI

JULI

AUG.

SEPT.

DAUERBLÜHER

Dezember – April

5 – 25 cm

Merkmale
Stängel rund und fleischig;
Blätter in 5–9 Lappen
geteilt, ledrig, dunkelgrün,
mit gesägtem Rand; Blüte
einzeln am Ende des Stän-
gels, mit 5 weißen Blütenblättern, zahlreichen gelben
Staubblättern und kleinen,
grünlichen, duftenden
Honigblättern.

Vorkommen
Bergwälder bis in 1800 m
Höhe, auf kalk-, nährstoff-
und humusreichen Böden;
beliebte Zierpflanze.

Christrose
Helleborus niger

An geschützten Stellen blüht die Christrose
manchmal schon zur Weihnachtszeit. Deshalb war sie für die Menschen fruherer Zeiten eine heilige und mit besonderen Kräften
ausgestattete Blume. Man glaubte, ein
Büschel Christrosen hielte böse Geister fern.
Wie viele andere Frühblüher ist auch die
Christrose giftig. Der Wirkstoff ist so stark,
dass schon ein paar Tropfen Pflanzensaft auf
der Haut heftiges Brennen verursachen. Eingenommen hat das Gift der Christrose noch
weit schlimmere Folgen. Das wusste man
bereits im Altertum: König Solon vergiftete
600 vor Christus einen Bach mit zerkleiner-
ten Christrosenwurzeln und besiegte so seinen Feind, der daraus trank.

MÄRZ

APRIL

MAI

JUNI

JULI

AUG.

SEPT.

DAUERBLÜHER

Busch-Windröschen
Anemone nemorosa

Ein „unbekannt Waldkraut" wird das Busch-Windröschen in einem Kräuterbuch des 16. Jahrhunderts genannt. Heute gehört es zu den bekanntesten Blumen. Das zeigen schon seine zahlreichen Volksnamen. „Schneetröpferl" und „Osterblümchen" sind die gebräuchlichsten. In Norddeutschland heißt es „Fewerbloom". Einem alten Volksglauben zufolge bekommt man ein Jahr lang kein Fieber, wenn man die ersten drei Windröschen des Frühlings verschluckt. Mit dem Wissen von heute ist von diesem Brauch abzuraten: Die Pflanze enthält in allen Teilen die Gifte Protoanemonin und Anemonin, die eingenommen zu Brechdurchfällen und Atemlähmung führen können.

März – Mai

10 – 25 cm

Merkmale
Pflanze mit aufrechtem Stängel; im oberen Stängelbereich ein Wirtel aus 3 gestielten Hochblättern, die tief eingeschnitten, 3–5-teilig und am Rand grob gezähnt sind; am Boden ein einzelnes, ebenfalls geteiltes Blatt; pro Stängel eine weiße, am Rand oft rosa überlaufene Blüte mit meist 6 Blütenblättern.

Vorkommen
Laub- und Nadelwälder; in Mitteleuropa verbreitet.

MÄRZ

APRIL

MAI

JUNI

JULI

AUG.

SEPT.

DAUERBLÜHER

Februar – April

8 – 15 cm

Merkmale
Blätter grasartig schmal, mit weißem Mittelstreifen; Blüten aus 6 weißen, manchmal violetten, unten zu einer langen Röhre verwachsenen Blütenblättern, im Inneren der Blüte 3 gelbe Staubblätter und eine tief orange gefärbte Narbe.

Vorkommen
Besiedelt wild vor allem Bergwiesen in den Alpen und im Voralpengebiet; viele Gartenzuchtformen.

Frühlings-Krokus
Crocus vernus

Kurz nach der Schneeschmelze überzieht der Weiße Krokus mit seiner Blütenpracht die Bergwiesen. Leider ist diese Schönheit sehr vergänglich, keine Blüte lebt länger als 12 Tage. „Purzigageln", Purzelbäume, werden diese Krokusse deshalb in Teilen der Schweiz genannt. Krokusblüten sind ständig in Bewegung. Sie schließen sich schon, wenn dunkle Wolken vorüberziehen, und öffnen sich, wenn es wieder heller und wärmer wird. Ihr inneres Thermometer reagiert auf Unterschiede von weniger als einem Grad Celsius. Wild wachsend kommt diese geschützte Art heute fast nur noch in den Alpen vor. Die Gartenkrokusse stammen meist von einer italienischen Art ab.

MÄRZ

APRIL

MAI

JUNI

JULI

AUG.

SEPT.

DAUERBLÜHER

Märzenbecher
Leucojum vernum

Weil seine Blüte ähnlich intensiv duftet wie
eine Veilchenblüte, wird der Märzenbecher
auch „weißes Veilchen" genannt. Der beliebte Frühjahrsblüher kam aus den feuchten
Laubwäldern in unsere Gärten. Schon 1420
war er nachweisbar in Kultur und fehlt auch
heute immer noch in kaum einem Garten.
Seine Blüten werden von Bienen und
Schmetterlingen bestäubt. Ist es aber so kalt,
dass sich kein Insekt aus seinem Schlupf-
winkel wagt, können sie sich auch selbst
bestäuben. Die kugeligen Samen werden von
Ameisen verbreitet. Der Märzenbecher gehört zu den Giftpflanzen. Er enthält in Zwiebeln und Blättern herzwirksame Alkaloide.
Vor allem Kinder sind gefährdet.

Februar – April

10 – 30 cm

Merkmale
Stängel dünn, flach
zusammengedrückt; dun-
kelgrüne schmale Blätter;
pro Stängel eine glocken-
förmige Blüte mit 6 gleich
langen weißen Blütenblät-
tern, alle mit einem grüngelben Fleck an der Spitze;
auffälliger Knoten unter der
Blüte.

Vorkommen
In Auwäldern, feuchten
Laubwäldern; auch Zier-
pflanze; braucht nährstoffreiche Böden; geschützt.

MÄRZ

APRIL

MAI

JUNI

JULI

AUG.

SEPT.

DAUERBLÜHER

Februar – April

5 – 20 cm

Merkmale
Stängel dünn und rund; nur
eine hängende Blüte mit 6
Blütenblättern, die 3 äuße-
ren rein weiß und lang, die
3 inneren an der Spitze
grün gefleckt und kurz;
deutlicher Knoten unter der
Blüte; 2 blaugrüne schmale
Blätter.

Vorkommen
Wild oder verwildert in
Laubmischwäldern und
Auwäldern; auch Garten-
zierpflanze; braucht frische,
nährstoffreiche Böden.

Kleines Schneeglöckchen
Galanthus nivalis

Die Blätter und Blüten dieser typischen
Frühjahrspflanze sind unempfindlich gegen
Frost. Als Erdpflanze (Geophyt) überdauert
das Kleine Schneeglöckchen ungünstige Jahreszeiten als Zwiebel und kann im Frühjahr
aus diesem Speicher schnell seine Blüten
entwickeln. Weil es von Bienen und Faltern
bestäubt wird, hat das Kleine Schneeglöckchen für Insekten eine besondere Blütenfarbe entwickelt, die wir nicht sehen können.
Die weißen Blüten reflektieren den UV-
Anteil des Sonnenlichts und sind deshalb für
die Bestäuber auch im weißen Schnee sichtbar. Finden wir Schneeglöckchen draußen
an Waldrändern und Heckensäumen, sind
es meist „Gartenflüchtlinge".

MÄRZ

APRIL

MAI

JUNI

JULI

AUG.

SEPT.

DAUERBLÜHER

Kornelkirsche
Cornus mas

In Mitteleuropa blüht die Kornelkirsche sehr früh im Jahr. Sie entfaltet ihre gelben Blüten manchmal schon im Februar und ist dann eine wichtige Bienenweide. Der große Strauch ist zu dieser Jahreszeit leicht zu erkennen, da er nur viele Blüten, aber noch keine Blätter trägt. Der eigenartige Name der Kornelkirsche ist wohl aus dem Lateinischen abgeleitet. *Cornus* bedeutet „hornartig", und tatsächlich ist Kornelkirschenholz sehr hart und hornartig. Die ursprüngliche Heimat der Art liegt im südlichen Mitteleuropa. Dort fertigten die Römer ihre Speere aus diesem Holz. Aus den Früchten wird nach dem ersten Frost eine wohlschmeckende süßsaure Marmelade gekocht.

Februar – April

2 – 6 m

Merkmale
Blätter eiförmig, zugespitzt, oben glänzend, oben und unten etwas behaart; auffällige gelbe Blüten, liegen als Dolden direkt an den Zweigen, erscheinen vor dem Laub; als Frucht eine rote, längliche, hängende Steinfrucht, essbar; Rinde gelbgrau, rissig, blättert in Schuppen ab.

Vorkommen
Trockene Laubwälder, Waldränder; beliebter Zierstrauch.

MÄRZ

APRIL

MAI

JUNI

JULI

AUG.

SEPT.

DAUERBLÜHER

Februar – April

5 – 15 cm

Merkmale
Stängel zur Blütezeit nur
mit rotbraunen Schuppen
besetzt; Blätter erscheinen
erst nach der Blüte, sind
lang gestielt, hufeisenför-
mig und auf der Unterseite
mit einem weißen Filzbelag
überzogen; gelbe Körb-
chenblüten.

Vorkommen
Als Pionierpflanze vor allem
auf wenig bewachsenen
Böden, in Kiesgruben,
Steinbrüchen, an Straßen-
rändern; auf Lehmböden.

Huflattich
Tussilago farfara

Als wollten sie die ersten warmen Sonnen-
strahlen bündeln, so dicht gedrängt stehen
die Huflattichblüten im März an Wegen und
Straßen. Dieses geballte Auftreten erklärt
sich aus dem weit verzweigten Wurzelsystem
der Pflanze. Ein unterirdisch kriechender
Wurzelstock und die von ihm austreibenden
Ausläufer schieben ständig neue Blütenstängel ans Licht. Wegen seines Wurzelsystems
ist der Huflattich ein wichtiger Bodenfestiger
an Böschungen. An sonnigen Tagen werden
Huflattichblüten von Bienen und Fliegen
besucht. Huflattichblätter entwickeln sich
erst im Mai. Getrocknet und zu Tee verarbei-
tet sind sie ein bekanntes und bewährtes
Hustenmittel.

MÄRZ

APRIL

MAI

JUNI

JULI

AUG.

SEPT.

DAUERBLÜHER

Kleiner Winterling
Eranthis hyemalis

Schon der wissenschaftliche Gattungsname bezeichnet die Blütezeit dieser Pflanze: *eranthis* kommt aus dem Griechischen und bedeutet „Frühlingsblume". Die scheibenförmige Blüte öffnet sich beim ersten warmen Sonnenstrahl. Die gelbe Blütenfarbe weist auf die Verwandtschaft zu den Hahnenfußgewächsen hin. Diese Kombination von Gelb, leicht zugänglicher Blüte und temperaturgesteuerter Öffnungszeit ist eine Anpassung an die Bestäuber. Zwar lockt Gelb auch Fliegen an, doch nur Bienen mit längerem Rüssel erreichen den Nektar. Die reifen Samen verschießt der Winterling nur bei Regen. Sie werden in kleinen Rinnsalen auf der Erdoberfläche fortgeschwemmt.

Januar – März

5 – 15 cm

Merkmale
Stängel rund, aufrecht, manchmal rötlich überlaufen; unten mit Niederblättern, die erst nach der Blüte erscheinen; oben, direkt unter der Blüte, mit einen Quirl von waagerecht abstehenden Hochblättern, die in tiefe Zipfel geteilt sind.

Vorkommen
Zierpflanze aus Süd- und Südosteuropa, in ganz Mitteleuropa eingebürgert, verwildert in Hecken.

MÄRZ

APRIL

MAI

JUNI

JULI

AUG.

SEPT.

DAUERBLÜHER

Februar – Mai

10 – 25 cm

Merkmale

Immergrüner, reich verzweigter Zwergstrauch; Blätter nadelförmig, spitz, dicht gedrängt in Quirlen zu viert; zahlreiche hängende, rosafarbene Blüten, alle zu einer Seite gerichtet; dunkelpurpurne Staubbeutel hängen aus der Blütenkrone heraus.

Vorkommen

Bergföhrenwälder, Gebüsche, sonnige Geröllhalden; auf kalkhaltigen Böden bis in Höhen von 2500 m.

Schnee-Heide
Erica carnea

Die Gattung *Erica* ist mit Hunderten von Arten hauptsächlich in Südafrika verbreitet. Nur wenige Vertreter leben im Mittelmeerraum und nur zwei haben den Sprung über die Alpen geschafft: die Schnee- und die Glocken-Heide. Die meisten verwandten Heidesträucher meiden den Kalk im Boden. Als einzige Art wächst die Schnee-Heide auf Kalkböden in den Alpen, Voralpen und manchen Mittelgebirgen. Ihren lateinischen Artnamen *carnea* („fleischlich") trägt sie wegen ihrer fleischroten Blüten. Oft wird die Schnee-Heide mit dem Heidekraut *Calluna vulgaris* verwechselt, das jedoch erst im August blüht. Die nektarreiche Schnee-Heide ist eine wichtige Bienenweide.

MÄRZ

APRIL

MAI

JUNI

JULI

AUG.

SEPT.

DAUERBLÜHER

Gewöhnlicher Seidelbast
Daphne mezereum

Schon bald nach der Schneeschmelze macht in den Bergwäldern ein Strauch mit unvergleichlichem Duft auf sich aufmerksam: Der Gewöhnliche Seidelbast. Weil Honig suchende Bienen seine Blüten von morgens bis abends umschwärmen, wurde er früher „Zeidelbast" genannt. Zeidler waren die Bienenzüchter. Ein anderer gebräuchlicher Name für diesen Strauch, „Kellerhals", ist wohl aus „Quäl den Hals" entstanden und weist auf seine Gefährlichkeit hin. Alle Teile der Pflanze, vor allem aber die Früchte, sind tödlich giftig. Brennender Schmerz im Hals und heftiges Würgen sind die ersten Vergiftungssymptome. Vögel scheinen gegen das giftige Fruchtfleisch immun zu sein.

Februar – April

30 – 150 cm

Merkmale
Strauch mit duftenden roten Blüten, die meist in Gruppen zu dritt direkt an den holzigen Zweigen sitzen; Blätter entfalten sich erst nach den Blüten, sie sind lang, schmal und ganzrandig, sitzen wechselständig an den Zweigen; ab Juni erbsengroße, leuchtend rote, giftige Beeren.

Vorkommen
Vor allem an Waldrändern des Berg-Buchenwaldes; bis in Höhen von 2600 m.

MÄRZ

APRIL

MAI

JUNI

JULI

AUG.

SEPT.

DAUERBLÜHER

Februar – Mai

20 – 100 cm

Merkmale
Stängel dick, rötlich über-laufen; Blätter oben grün, unten graufilzig, erschei-nen erst nach der Blütezeit, bis 60 cm breit und 100 cm lang, zählen damit zu den größten bei heimischen Wildpflanzen; traubenför-miger Blütenstand aus roten duftenden Blüten.

Vorkommen
Braucht feuchten Unter-grund, in großen Bestän-den an Bachufern und in Auwäldern.

Gewöhnliche Pestwurz
Petasites hybridus

Die roten Blütentrauben dieser Pestwurz kündigen entlang von Bächen den Frühling an. Diese Pflanze hat einen eigenen Entwick-lungsrhythmus: Sie bildet früh im Jahr Blü-ten und entfaltet erst nach der Blüte ihre rie-sigen Blätter. Die Slovaken sagen über diese Blätter: „Jedes hat neun Adern, neun Kräfte und nützt gegen neun Krankheiten". Im Großen und Ganzen scheint das auch zu stimmen, denn Kräuterkundige haben die Pestwurz immer geschätzt. Sie wurde als harntreibendes und magenstärkendes Mittel genutzt, sie war wegen ihrer schweißtreiben-den Wirkung ein probates Mittel gegen Pest und Pocken, und heute nutzt man ihre blut-druckregulierenden Eigenschaften.

MÄRZ

APRIL

MAI

JUNI

JULI

AUG.

SEPT.

DAUERBLÜHER

März-Veilchen
Viola odorata

Kaum eine andere Pflanze wurde häufiger
romantisch besungen als das März-Veilchen.
Sein intensiver Duft ist unverwechselbar und
spielte schon immer bei der Parfümherstel-
lung eine Rolle. Das März-Veilchen ist eine
typische kleine Blume der Hecken und Waldränder. Hier vermehrt es sich durch ober-
und unterirdische Ausläufer. Aber es setzt
auch auf Tiere. Die dunkelvioletten Lippenblüten werden von einigen Solitärbienen
besucht und Ameisen verschleppen die
Samen über weite Strecken. Erstaunlicher-
weise bilden sich in den Frühjahrsblüten keine Früchte. Erst im Sommer erscheinen
knospenförmige Blüten, die sich selbst
bestäuben und Samen ausbilden.

März – April

3 – 10 cm

Merkmale
Mehrjährige Pflanze mit
langen oberirdischen Aus-
läufern, die meist erst im
zweiten Jahr Blüten tragen;
Blüten dunkel blauviolett,
duften intensiv; Blätter
rundlich herzförmig.

Vorkommen
Alte Heil- und Zierpflanze
aus dem Mittelmeergebiet;
heute verwildert in fast
ganz Europa, auffallend oft
in Dorfnähe, unter Hecken
und an Wegrändern zu
finden.

MÄRZ

APRIL

MAI

JUNI

JULI

AUG.

SEPT.

DAUERBLÜHER

April

Im April blühen
viele Pflanzen, die
auf Bienen und
ihre Verwandten
setzen. Deshalb
haben sich Blüten-
farben herausent-
wickelt, die auch von
diesen Sechsbeinern
gut gesehen werden.
Gelb und Blau sind
die häufigsten Farben
dieses Monats. Etwas
weniger häufig ist die
Farbe weiß. Auch die
Formen der Blüten
haben sich gemein-
sam mit ihren Bestäu-
bern entwickelt. Sehr
häufig sind jetzt drau-
ßen tellerförmige
Blüten zu finden und
solche, die eine
besondere Lande-
möglichkeit anbieten.
Die meisten Blüten-
pflanzen dieses
Monats wachsen in
den Wäldern und
nutzen das jetzt noch
einfallende Sonnen-
licht. Nach dem Laub-
austrieb wäre es für
sie am Boden zu
dunkel.

MÄRZ

APRIL

MAI

JUNI

JULI

AUG.

SEPT.

DAUERBLÜHER

März – April

1 – 3 m

Merkmale
Erster Blütenstrauch des
Jahres, dessen Blüten lange
vor dem Laubaustrieb
erscheinen; Rinde schwarz-
braun, Zweige bedornt;
Blüten klein, weiß, kurz
gestielt; kirschgroße, kugelige, schwarze Steinfrucht
(Schlehe), blau bereift.

Vorkommen
Pionierpflanze mit großer
Durchsetzungskraft; wächst
häufig zusammen mit
Weißdornarten, Wildrosen
und Berberitzen in Hecken.

Gewöhnliche Schlehe
Prunus spinosa

Die Schlehe eröffnet den Blütenreigen unter
den Heckensträuchern. Im April sind die
großen schneeweißen Schlehdornsträucher
nicht zu übersehen. Sie sind jetzt noch blattlos und heben sich deutlich vom ersten Grün
der Felder ab. Die Schlehe wächst so sperrig,
dass sie für viele Tiere zum Lebensraum
wurde. Sie ist undurchdringbar und ihre
spitzen Dornen bohren sich schmerzhaft in
die Haut. Oft brütet der seltene Neuntöter in
diesem Strauch und spießt seine Beute
auf den Dornen auf. Zwischen die Felder
gepflanzt, sorgt die Schlehe für viele biologi-
sche Helfer gegen Pflanzenschädlinge. In
ihren Blüten- und Blattknospen entwickeln
sich die verschiedensten Insekten.

MÄRZ
APRIL
MAI
JUNI
JULI
AUG.
SEPT.
DAUERBLÜHER

Dolden-Milchstern
Ornithogalum umbellatum

Im Märchen vom Schlaraffenland ist „Vogel-milch" eine Bezeichnung für Leckerbissen. So lautet auch die wörtliche Übersetzung des Namens *Ornithogalum*. Auch in Schweden heißt die Pflanze im Volksmund „Fogel-mjölk". Die Blüten der Doldentrauben dieses Liliengewächses leuchten innen milchweiß, außen tragen sie einen grünen Mittelstreifen. Das ist ihr sicherstes Kennzeichen, wenn sich die Blüte nachmittags schließt. Während oft Wühlmäuse die Brutzwiebeln verschleppen, sorgen Ameisen für die Verbreitung der Samen. 1586 erzählt ein Kräuterkundiger, dass man um Erlangen herum die Zwiebeln roh und gekocht aß, „sonderlich in der theuren Zeit".

April – Mai

10 – 30 cm

Merkmale
Zwiebelpflanze mit langen, schmalen, grasartigen Blättern; doldenartiger Blütenstand aus 5–12 milchig weißen Einzelblüten; Blütenblätter außen mit grünem Mittelstreifen, bei Sonne ausgebreitet.

Vorkommen
Zierpflanze aus dem Mittelmeergebiet, wächst aus Gärten verwildert vor allem auf trockenem Grasland in Dorfnähe, an Böschungen und auf trockenen Wiesen.

MÄRZ

APRIL

MAI

JUNI

JULI

AUG.

SEPT.

DAUERBLÜHER

März – Mai

5 – 15 cm

Merkmale
Blätter und Blütenstängel
bilden einen dichten Rasen;
die Stängel liegen am
Boden und strecken meist
nur die Blüten tragenden
Spitzen nach oben; Blätter
handförmig, in 3–5 Finger
gespalten.

Vorkommen
Weit verbreitet auf trockenen Wiesen und sonnigen
Hängen mit stickstoffar-
men, aber kalkreichen,
sandig-steinigen Böden; nie
auf kalkarmen Böden.

Frühlings-Fingerkraut
Potentilla neumanniana

Die Straßenböschungen werden langsam
grün, wenn dort kleine gelbe Blütensterne
aufleuchten. Das Frühlings-Fingerkraut ist
eine Kriechpflanze und bildet drei bis acht
Blüten aus, die nacheinander aufblühen. Die
Pflanze braucht magere Böden, wie sie Trockenrasen oder Böschungen bieten. In Ober-
österreich heißt sie auch „Wespenkraut", es
ist aber nicht genau überliefert, ob ihre Blätter bei Wespenstichen wirklich helfen. Ner-
venstärkend sind sie auf jeden Fall, denn das
„Nervenkraut" wurde in Süddeutschland oft
in Bäder gestreut. Die Fingerkräuter sind
eine Pflanzengattung mit vielen schwer
unterscheidbaren Arten, doch diese blüht
im Frühling als erste.

MÄRZ

APRIL

MAI

JUNI

JULI

AUG.

SEPT.

DAUERBLÜHER

Trauben-Holunder
Sambucus racemosa

Überall in den Mittelgebirgen wächst der Trauben-Holunder an Waldrändern und auf Waldlichtungen und ist hier leicht zu finden. Mit seinen zwei bis vier Metern Wuchshöhe gehört er zu den kleineren Sträuchern, trägt aber auffällig große gelbgrüne Blütenrispen. Später im Sommer leuchten die Früchte dann scharlachrot. Die dekorativen Sträucher sind so typisch für Waldränder, dass sie oft auch „Hirschholunder" oder „Waldholler" genannt werden. Für Pflanzensoziologen wurden sie zur Kennart und bilden die Traubenholunder-Vorwaldgesellschaft. Wie bei allen Holundern sind die Stängel des Trauben-Holunders mit Mark gefüllt. Dieses ist jedoch nicht weiß, sondern gelblich braun.

März – Mai

1 – 4 m

Merkmale
Kleiner Strauch mit dunkelbrauner Rinde; Blätter unpaarig gefiedert, mit meist 5 Fiederblättchen; Blüten gelbgrün, in kegelförmigen Rispen am Ende der Äste; auffällige scharlachrote Beerentrauben, roh und unreif giftig.

Vorkommen
Typischer Strauch auf Kahlschlägen und Lichtungen der Mittelgebirgswälder und der Buchenwälder in den Alpen.

MÄRZ
APRIL
MAI
JUNI
JULI
AUG.
SEPT.
DAUERBLÜHER

März – Mai
10 – 20 cm

Merkmale
Runzelige, an der Unterseite flaumig behaarte Blätter, die in einer Rosette dem Boden anliegen; Blütenstängel blattlos; bis 2 cm lange, schwefelgelbe Blüten mit flach ausgebreitetem Saum, duftlos.

Vorkommen
An feuchten, schattigen Stellen in Laub-, Misch- und Bergwäldern; in Mitteleuropa verbreitet, leider nicht mehr häufig.

Hohe Schlüsselblume
Primula elatior

Diese duftlose Schlüsselblume blüht etwas früher als die Echte Schlüsselblume. In Deutschland ist sie besonders in der Mitte und im Süden häufig und bewohnt feuchte und schattige Stellen in Wäldern. Das drückt sich auch in vielen Namen aus: „Bachschlüsseli" heißt sie bei Lörrach, „Hoizschlisslbloama" in Oberbayern. Die Pflanze hat zwei Blütenformen: Bei der einen ist der Griffel kurz und die Staubblätter sitzen weiter oben in der Kronröhre, bei der anderen ist der Griffel lang und die Staubblätter sitzen tiefer. Durch diese Unterschiede wird eine Selbstbestäubung vermieden. Die Blüten duften kaum, werden aber dennoch von Insekten besucht.

MÄRZ

APRIL

MAI

JUNI

JULI

AUG.

SEPT.

DAUERBLÜHER

Wiesen-Schlüsselblume
Primula veris

Die Wiesen-Schlüsselblume hat duftende Blüten. Genau wie die Hohe Schlüsselblume besitzt sie zwei verschiedene Blütenformen, damit sie sich nicht selbst bestäuben kann. Aus ihren Blüten kann ein aromatischer Hustentee hergestellt werden. Früher legte man sie in Wasser und kochte die Lösung mit Zucker zu Schlüsselblumenbonbons ein. Eine poetische Bezeichnung dieser Pflanze ist „Himmelschlüssel". Man glaubte, sie schließt den Frühlingshimmel auf. Eine andere Deutung stammt von einer Legende aus Siebenbürgen. Danach soll Petrus seinen Schlüsselbund fürs Himmelstor verloren haben. Nun liegt er auf der Erde und schließt dort den Boden für die Pflanzen auf.

März – Mai

10 – 20 cm

Merkmale
Blüte dottergelb, glockenförmig, duftend; Blütenstängel blattlos; Blätter in einer Rosette am Boden, runzelig, Unterseite weich behaart.

Vorkommen
Steht im Unterschied zur Hohen Schlüsselblume auf trockenen, sonnigen Wiesen, braucht kalkhaltigen lockeren Boden; fehlt als wärmeliebende Art im Norden und in höheren Gebirgslagen.

MÄRZ

APRIL

MAI

JUNI

JULI

AUG.

SEPT.

DAUERBLÜHER

März – Mai

15 – 40 cm

Merkmale

Mehrjährige Pflanze; Blü-
tenstiel rund, nicht behaart;
Blüte goldgelb, Blütenblätter fallen schnell ab; Blätter
am Stängel sitzend, in
lange schmale Zipfel aufgeteilt, daneben 2–6 kleine
nierenförmige Grundblätter
an langem Stiel.

Vorkommen

Helle, krautreiche Laub-
misch- und Auwälder; liebt
feuchte, nährstoffreiche,
kalkhaltige Böden.

Gold-Hahnenfuß
Ranunculus auricomus

Der Gold-Hahnenfuß sieht dem Scharfen
Hahnenfuß sehr ähnlich, doch er blüht viel
früher und ist nur selten mitten auf der Wiese zu finden. Er ist ein Hahnenfuß lichter
Laub- und Auwälder. In tieferen Lagen
wächst er gern mit Hainbuchen zusammen.
An seinen nierenförmigen, tief eingeschnittenen Grundblättern ist er deutlich vom
Scharfen Hahnenfuß zu unterscheiden. Die
Pflanze vermehrt sich auch über nicht
befruchtete Samen. Diese Besonderheit
führt zu einer kaum durchschaubaren For-
menfülle. Die stark glänzenden Blüten des
Gold-Hahnenfußes sind schwer zu fotografieren. Bei solchen „Glanzblüten" hilft nur,
eine Blende weiter zu öffnen als angezeigt.

Gewöhnliches Scharbockskraut
Ranunculus ficaria

„Bei Kälte und bei Regengüssen sich Schar-
bockskräutleins Blüten schließen. Doch
schon der kleinste Sonnenstrahl lässt sie
erblühn ein neues Mal." So beschrieb der
englische Poet William Wordsworth die
Pflanze treffend. Im April überzieht sie den
Erdboden in Eichen- und Buchenwäldern
mit einem gelben Blütenteppich. Im Volksmund heißt das Scharbockskraut auch
„Zigeunersalat" oder „Schmalzblattl". Seine
Blätter enthalten viel Vitamin C und wurden
in jungem Zustand schon immer als Feld-
salat gegessen. Damit vertrieb man den
gefürchteten Skorbut, der auch Scharbock
hieß. So kam die Pflanze zu ihrem Namen.
Ältere Blätter dagegen sind schwach giftig.

März – Mai
5 – 30 cm

Merkmale
Blätter herzförmig, fettig
glänzend; in den Blattachseln oft weizenkorngroße
weiße Brutknospen, aus
denen junge Pflanzen her-
vorgehen können; Blüte aus
8–12 glänzenden gelben
Blütenblättern.

Vorkommen
Bildet in feuchten, schattigen Laubwäldern ausge-
dehnte Blütenteppiche, ist
aber auch in Gärten, Wie-
sen und unter Gebüschen
anzutreffen.

MÄRZ

APRIL

MAI

JUNI

JULI

AUG.

SEPT.

DAUERBLÜHER

März – Mai

5 – 20 cm

Merkmale
Zierliche mehrjährige Zwiebelpflanze; besitzt ein einziges langes Grundblatt, das an der Spitze kapuzenförmig ausläuft; Stängel mit 2 schmalen Hochblättern dicht unter dem Blütenstand; Blüten aus 6 sternförmig ausgebreiteten gelben Blütenblättern.

Vorkommen
Laubmisch- und Auwälder, auf feuchten Böden, meidet aber Stellen, an denen sich das Wasser staut.

Wald-Gelbstern
Gagea lutea

Wie viele Frühlingspflanzen wächst auch diese Art aus einer unterirdischen Zwiebel, in der Reservestoffe gespeichert werden. So kann sie im Frühling schnell austreiben und blühen, nicht selten unter dichtem Gebüsch. Die Menschen mochten diese Blume schon immer und bezeichneten sie liebevoll als „Sternla", „Himmelsstern" oder auch „Sternlauch", weil sie mit den Laucharten verwandt ist. In Oberbayern nennt man sie auch „Stern der Heiligen Drei Könige". Der Wald-Gelbstern ist über fast ganz Europa verbreitet. In Deutschland kommt er vor allem in den Kalkgebieten vor, ist aber nie sehr häufig. Manchmal erfolgt eine Vermehrung über Brutknospen im Blütenbereich.

MÄRZ

APRIL

MAI

JUNI

JULI

AUG.

SEPT.

DAUERBLÜHER

Wiesen-Schaumkraut
Cardamine pratensis

Das Kraut steht auf der Wiese und trägt oft schaumige Klumpen am Stängel. Diese werden von den Larven der Schaumzikade erzeugt, um sich vor Räubern zu schützen, während sie Pflanzensäfte saugen. Aus diesen Beobachtungen entstand der Name „Wiesen-Schaumkraut". Im mittelfränkischen Aischgrund und in Ostfriesland heißt die Pflanze auch „Storchenblume" oder „Störkeblome". Auch das ist gut beobachtet, denn sie wächst massenhaft dort, wo Störche ihre Nahrung suchen. Sie ist ein Nährstoffzeiger und braucht fette und sehr feuchte Wiesen oder Bachufer. Dort bildet sie mit ihren lila bis violetten Blüten den typischen Frühlingsaspekt.

April – Juni
15 – 40 cm

Merkmale
Wiesenpflanze mit rundem hohlem Stängel und unpaarig gefiederten Blättern, die Teilblättchen sind oben am Stängel schmal, unten rund; Blüten zartrosa, manchmal auch weiß oder violett, mit 4 kreuzförmig angeordneten Blütenblättern.

Vorkommen
Wächst fast europaweit in riesigen Mengen auf feuchten, nährstoffreichen Wiesen und Weiden.

MÄRZ

APRIL

MAI

JUNI

JULI

AUG.

SEPT.

DAUERBLÜHER

April – Mai
10 – 30 cm

Merkmale
Lang gestielter traubenartiger Blütenstand in den Achseln der oberen Blätter; Blüten je nach Alter erst rot, später bläulich und schließlich schmutzig grün; Stängel 4-kantig; Blätter paarig gefiedert.

Vorkommen
In den Laubmischwäldern fast ganz Europas häufig; geht bis in Höhen von 1900 m; liebt lockeren kalkhaltigen Boden.

Frühlings-Platterbse
Lathyrus vernus

„Waldwicke" wird diese Pflanze auch genannt, weil sie im April in Laubmischwäldern den Frühling herbeiblüht. Ihre nickenden Blüten sind unterschiedlich gefärbt. Die aufrecht stehende Fahne einer in der Jugend roten Blüte wird oft mit dem Kamm eines Hahnes verglichen. So heißt die Blume auch „Gickerhähnchen" oder „Goggelhahn". Die Blüten sind so gebaut, dass sie nur von kräftigen Insekten aufgestemmt werden können. Meist sind es Hummeln. Drückt das große Insekt Flügel und Schiffchen herunter, tritt der Griffel heraus. Zuerst nimmt seine Narbe mitgebrachten Pollen auf, dann bringt die Griffelbürste ihre eigenen Pollen ins Hummelhaarkleid.

MÄRZ

APRIL

MAI

JUNI

JULI

AUG.

SEPT.

DAUERBLÜHER

Hohler Lerchensporn
Corydalis cava

Der Lerchensporn ist über ganz Mitteleuropa verbreitet und wächst von Südschweden bis zu den Pyrenäen in krautreichen und feuchten Laubwäldern. Dieses Mohngewächs entwickelt sich aus einer walnussgroßen Knolle, die einen Hohlraum enthält, in dem Tochterknollen entstehen – daher der Name. Der Sporn enthält Nektar, der für langrüsselige Bienen bestimmt ist. Doch oft beißen kurzrüsselige Hummeln die Sporne einfach von außen auf und stehlen den Zuckersaft. Die Blüten riechen sehr angenehm und sind häufig unterschiedlich gefärbt. Von purpur- bis cremefarben stehen Pflanzen bunt nebeneinander. Manchmal treten sogar lila gefärbte oder bläuliche Blütentrauben auf.

März – Mai

10 – 30 cm

Merkmale

Pflanze mit walnussgroßer, hohler Wurzelknolle; Blätter zart, blaugrün, gestielt; 10–20 Blüten bilden eine dichte Traube am Ende des unverzweigten Stängels; Blüten zweilippig, mit langem Sporn.

Vorkommen

Blüht in ausgedehnten Teppichen in Laubwäldern, Schlucht- und Auwäldern mit kalkhaltigem Untergrund. Braucht feuchte, humusreiche Böden.

MÄRZ

APRIL

MAI

JUNI

JULI

AUG.

SEPT.

DAUERBLÜHER

März – Mai

3 – 10 cm

Merkmale
Niedrig wachsende Pflanze mit einer grundständigen Rosette aus langen schmalen Blättern und deutlich kleineren Blättern am Stängel; azurblaue Blüte, die bei Sonnenschein sternförmig ausgebreitet ist; am Grund der Blütenblätter kleine Anhängsel mit weißer Linie.

Vorkommen
Vor allem in den Gebirgen Mittel- und Südeuropas auf wenig gedüngten Wiesen.

Frühlings-Enzian
Gentiana verna

Dieser Enzian wächst auf Trockenrasen und Bergwiesen als typische „Kalkmagerrasenpflanze", denn er ist ausgesprochen düngerfeindlich. Die Bergbauern nennen ihn „Schusternägele" oder „Rossmucken". Wer an ihm riecht, soll Sommersprossen bekommen. Auf der Schwäbischen Alb heißt er „Jörgblümle", weil er dort immer am Georgstag, dem 24. April, blüht. Und in Südtirol nennt man ihn „Fiori di Santa Cros", weil er in höheren Lagen erst am 3. Mai, dem Kreuzauffindungstag katholischer Christen, seine blauen Blütensterne entfaltet. Sein wissenschaftlicher Name leitet sich von dem illyrischen König Gentius ab, der Enzianwurzeln als Heilmittel empfahl.

46

MÄRZ

APRIL

MAI

JUNI

JULI

AUG.

SEPT.

DAUERBLÜHER

Gewöhnliche Küchenschelle
Pulsatilla vulgaris

Der italienische Botaniker Mattioli erwähnt
um die Mitte des 16. Jahrhunderts diese
Anemone zum ersten Mal. Ihr Name hat
sicher nichts mit „Küche" oder „Kuhglocke"
zu tun. Wahrscheinlich leitet er sich vom alt-
bayerischen Wort „Kukke" für eine halbe
Eierschale ab. Und „Schelle" würde die Ei-
schale sprachlich wiederholen. Die Küchen-
schelle ist eine typische Trockenpflanze mit
sehr langen Wurzeln. Die Knospen überwintern im Schutz der abgestorbenen Blätter
des Vorjahres und entfalten sich dicht behaart in den noch kalten Frühling. Diese
Pflanze der Schafweiden ist gefährdet und
streng geschützt. Es gibt sie aber auch als
Zuchtform für den Steingarten.

März – Mai

10 – 25 cm

Merkmale
Geschützte Frühlingsblu-
me mit seidig silberweiß
behaarten Hochblättern
und glockenförmigen vio-
letten Blüten; Stängel und
Blütenblätter ebenfalls
behaart; Blätter entwickeln
sich oft erst nach der Blüte;
perückenartiger Schopf als
Fruchtstand.

Vorkommen
In den Mittelgebirgen mit
Kalkgestein an sonnigen
Hügeln; nässeempfindlich;
im Norden selten.

MÄRZ

APRIL

MAI

JUNI

JULI

AUG.

SEPT.

DAUERBLÜHER

März – Mai

5 – 15 cm

Merkmale
Kleine mehrjährige Pflanze;
Blätter 3-lappig, ledrig,
erscheinen erst nach der
Blüte, überdauern den
Sommer, den Herbst und
oft auch den Winter; Blüte
aus 6–10 zartblauen Blü-
tenblättern am Ende des
behaarten Stängels.

Vorkommen
In Laubwäldern und Gebü-
schen auf Kalkböden; an
den Wuchsorten in großen
Beständen, insgesamt eher
selten.

Gewöhnliches Leberblümchen
Hepatica nobilis

Die ledrigen Blätter des Leberblümchens
sind oberseits grün, unterseits braunrot bis
violett. Diese Färbung wird durch den Farbstoff Anthocyan verursacht, der Licht in Wärme umwandeln kann. Damit schützt sich die
Pflanze vor Frostnächten. Doch noch vor den
Blättern erscheinen die blauen Blüten. Deshalb heißt diese Pflanze in der Pfalz auch
„Tochter vor der Mutter". Die Blüten öffnen
und schließen sich durch Wachstumsbewe-
gungen. Dabei werden sie immer größer.
Weil das Leberblümchen wintergrüne Blätter
hat und so schön blüht, wurde es oft für den
Garten ausgegraben. Das ist mittlerweile
streng verboten, aber es gibt viele kultivierte
Gartenformen zu kaufen.

MÄRZ

APRIL

MAI

JUNI

JULI

AUG.

SEPT.

DAUERBLÜHER

Zweiblättriger Blaustern
Scilla bifolia

Dieses zierliche Liliengewächs ist eine Charakterart der Buchen- und sommergrünen Eichenwälder Europas. Mit ihren wenigen Blüten und schmalen Blättern wird die Pflanze oft übersehen, manchmal bilden die himmelblauen Blütensterne aber auf feuchten Böden große Bestände. In vielen Gegenden ist der Begriff „Stern" im Namen enthalten: „Sternblümchen" im Siebengebirge, „Himmelssterndl" in Salzburg und „Deutscher Blaustern" in einem uralten Kräuterbuch. In Altbayern heißt er „Josefibleaml", weil er ab dem Josefstag (19. März) blüht. Nach der Blüte bildet sich eine kleine Kapsel, in der die Samen reifen. Sie werden von Ameisen verbreitet.

März – April
10 – 20 cm

Merkmale
Dünner runder Stängel; 2 schmale Blätter, bis 10 cm lang, setzen tief am Stängel an und umfassen ihn; Blütenstand aus 2–5 himmelblauen Blüten, die einzelnen Blütenblätter stehen sternförmig ab.

Vorkommen
Vor allem in Laub- und Auwäldern der Talauen von Rhein, Main, Neckar und Donau, braucht nährstoffreiche, feucht-frische Böden.

MÄRZ

APRIL

MAI

JUNI

JULI

AUG.

SEPT.

DAUERBLÜHER

März – Mai

10 – 20 cm

Merkmale
Blüte aus 5 violetten Blütenblättern, die sich nicht
überdecken, und einem
ebenfalls violetten, abwärts
gebogenen Sporn; auf dem
unteren mittleren Blütenblatt ein feines Strichmuster; Blätter herzförmig;
Stängel aufrecht.

Vorkommen
Krautreiche Laub-, Misch-
und Nadelwälder mit nährstoffreichen, lockeren
Böden; fast überall in Mittel- und Südeuropa häufig.

Wald-Veilchen
Viola reichenbachiana

Jede Veilchenart hat sich auf bestimmte
bestäubende Insekten eingestellt und ihre
Blüten entsprechend angepasst. Das Zweiblütige Veilchen mit seinem kurzen Sporn
wird von kurzrüsseligen Fliegen bestäubt,
beim Wald-Veilchen mit längerem Sporn
kommen längerrüsselige Bienen und Hummeln zum Zuge, und das Langspornige Veilchen ist eine Schmetterlingsblume. Um aber
die Vermehrung der Pflanze auch ohne
Fremdbestäubung sicherzustellen, entwickeln viele Veilchen neben ihren normalen Blüten später im Jahr eine zweite Sorte
von Blüten. Diese haben eine stark verkümmerte Krone, bilden aber nach Selbstbestäubung sehr viel mehr Samen aus.

Gewöhnliche Haselwurz
Asarum europaeum

Die Haselwurz wächst gerne im Schatten,
und zwar bevorzugt in der Nähe von Hasel-
sträuchern, die das Unterholz oder den Rand
eines Laubwaldes bilden. So deutet man die
Herkunft des Namens. Die Haselwurz ist
seit langer Zeit als Arzneipflanze bekannt.
Schon Plinius schrieb, dass man sie auf keinen Fall in Girlanden und Siegerkränze ein-
binden darf. Ihre Wurzel enthält ein etheri-
sches Öl, das heftiges Erbrechen auslöst.
Deshalb war die Haselwurz das klassische
Brechmittel, bis die Brechwurzel aus dem
brasilianischen Urwald nach Europa gelang-
te. Heute wird die Haselwurz nicht mehr
therapeutisch eingesetzt. Ihr Wirkstoff Asa-
ron zersetzt sich beim Trocknen sehr rasch.

März – Mai

5 – 10 cm

Merkmale
Dicker, behaarter Stängel;
nierenförmige, lederartige,
auf der Oberseite glänzende Blätter, die oft den Winter überdauern; Blüten
unscheinbar braunrot,
liegen oft unter den großen
Blättern verborgen am
Boden, duften nach Kamp-
fer; pfefferähnlich riechen-
der Wurzelstock.

Vorkommen
Auf gut mit Kalk und Nähr-
stoffen versorgten Böden in
Laub- und Mischwäldern.

MÄRZ

APRIL

MAI

JUNI

JULI

AUG.

SEPT.

DAUERBLÜHER

April – Mai
15 – 35 cm

Merkmale
Giftige Pflanze mit unangenehmem Geruch; Stängel
unverzweigt; Blätter gegenständig, deutlich gestielt;
ähriger Blütenstand mit
entweder nur männlichen
oder nur weiblichen Blüten,
Einzelblüten klein, grün,
unscheinbar.

Vorkommen
In dichten Beständen in
schattigen Laub- und
Mischwäldern mit nähr-
stoffreichen Böden; in fast
ganz Europa verbreitet.

Ausdauerndes Bingelkraut
Mercurialis perennis

Rund 1,3 Milliarden Pollenkörner soll eine
einzige Bingelkrautpflanze erzeugen. Das
deutet auf Windbestäubung hin, die mit dem
großen Risiko verbunden ist, dass die Pollen
nicht zielgerichtet auf die nächste Pflanze
übertragen werden. Damit die Chancen steigen, bildet das Ausdauernde Bingelkraut
meist große Bestände aus. Diese sind entweder männlich oder weiblich und bilden sich
durch verzweigte Ausläufer. Die Pflanze
riecht unangenehm nach faulendem Fleisch.
Dennoch war sie im Mittelalter sehr gesucht.
Man wollte mit ihrer Hilfe Quecksilber in
Gold verwandeln. Der Versuch misslang
zwar, aber der Begriff *mercurium* für Quecksilber ist noch Bestandteil des Namens.

MÄRZ

APRIL

MAI

JUNI

JULI

AUG.

SEPT.

DAUERBLÜHER

Gefleckter Aronstab
Arum maculatum

Der Aronstab ist eine Kesselfallenblume.
Sein Blütenstand ist eines der raffiniertesten
Gebilde, um Insekten als Pollenträger anzu-
locken. Er besteht aus einem Kolben mit
weiblichen und männlichen Blüten und
einem großen Hochblatt. Dies ist das „Wer-
beschild" der Pflanze und gleichzeitig eine
Rutschbahn ins Innere. Winzige Schmetter-
lingsmücken werden mit einem besonderen
Trick angelockt: Gegen Abend heizt sich der
Kolben auf bis zu 40 Grad Celsius auf und
verströmt harnartige Gerüche. Sind die kleinen Mücken erst auf den Blütengrund
gerutscht, bleiben sie gefangen, bis die Gleit-
fläche welkt. Dann können sie wieder ins
Freie klettern.

April – Mai
10 – 40 cm

Merkmale
Blätter pfeilförmig, oft
gefleckt; auffälliger, verdickter Blütenkolben, von
einem tütenförmig einge-
rollten Hochblatt umhüllt;
im unteren, nicht sichtbaren Teil des Blütenkolbens
liegen über einem Ring
weiblicher Blüten die
männlichen Blüten; schar-
lachrote Beerenfrüchte.

Vorkommen
Besiedelt nur Laub- und
Auwälder mit sehr nähr-
stoffreichen Böden.

MÄRZ

APRIL

MAI

JUNI

JULI

AUG.

SEPT.

DAUERBLÜHER

Mai

Im Mai blühen viele Wasserpflanzen. Blumen dieser Gruppe haben sich sumpfige Wiesen oder Teichränder als Standort ausgesucht. Sogar Orchideen wie das Knabenkraut und Blütenschönheiten wie die Sumpf-Schwertlilie blühen hier. Aber auch viele Saumbiotope wie Wald- und Feldränder oder Hecken zeigen jetzt eine große Blütenvielfalt. So vielfältig wie die unterschiedlichen Bestäuber aus dem Insektenreich sind, so vielfältig sind auch die Blütenformen. Es gibt Käferblumen, Fliegenblumen, Wespenblumen und besondere Formen für Bienen, Tag- und Nachtfalter. Die schönste Maiblume ist wohl der Diptam. Er duftet unvergleichlich nach Zitrone.

MÄRZ
APRIL
MAI
JUNI
JULI
AUG.
SEPT.
DAUERBLÜHER

April – Juli
10 – 30 cm

Merkmale
Einjährige Pflanze mit kantigem Stängel; Blätter lang, schmal und pfeilförmig, riechen zerrieben nach Lauch; die Blüten bilden eine dichte Traube am Ende der Stängel; Früchte auffallend flach und kreisrund, etwa so groß wie ein Cent.

Vorkommen
Wächst auf Äckern und an Wegrainen; gedeiht vor allem auf lockeren, nährstoffreichen Lehmböden.

Acker-Hellerkraut
Thlaspi arvense

Dieses Ackerunkraut blüht recht unscheinbar. Aber umso auffälliger ist es zur Zeit der Fruchtreife. Dann beleben seine kreisrunden Früchte brach liegende Felder und Wegraine. Schüttelt man die Pflanze, hört man ein klapperndes Geräusch. Deshalb heißt sie auch „Schlotter", eine in vielen Gegenden gebräuchliche Bezeichnung für Kinderrasseln. „Hellerkraut" oder „Pfennigkraut" wird sie genannt, weil ihre Früchte an kleine Münzen erinnern. Auch der botanische Gattungsname *Thlaspi*, in Anlehnung an das altgriechische Verb *thlaón* für zerdrücken, nimmt Bezug auf die flachen Früchte. Linné übernahm ihn von J. Tournefort, der bereits 1700 ein Pflanzensystem veröffentlichte.

MÄRZ

APRIL

MAI

JUNI

JULI

AUG.

SEPT.

DAUERBLÜHER

Waldmeister
Galium odoratum

Maibowle ist ohne den Waldmeister undenk-
bar. Schon im Jahre 1500 stellten Elsässer
dieses wohlschmeckende Getränk aus Weiß-
wein und angetrockneten Waldmeister-
pflanzen her. Doch Vorsicht: Übermäßiger
Genuss führt zu heftigen Kopfschmerzen.
Der Waldmeister wächst in ganz Europa und
Westasien in schattigen Wäldern. Bis zum
Mittelalter hieß die mehrjährige Pflanze bei
uns „Frauenbettstroh" oder „Mariabett-
stroh", weil sie gerne zum Füllen der Betten
verwendet wurde. Das tat man aber nicht nur
wegen des angenehmen Duftes, es hielt auch
lästige Insekten fern. Auch heute noch legt
man Waldmeisterblätter gerne als Motten-
schutz zwischen die Wäsche.

April – Juni
5 – 25 cm

Merkmale
Cumarinhaltige Gewürz-
pflanze, die beim Welken
intensiv süß duftet; Stängel
4-kantig, unverzweigt;
Blätter länglich, sitzen in
Quirlen zu 6–8 stockwerk-
artig übereinander; Blüten
klein, weiß, trichterähnlich.

Vorkommen
Sehr häufig und in großen
Beständen in Wäldern aller
Art, besonders in schatti-
gen Laubwäldern; fehlt in
Gegenden mit kalkarmen
Böden.

MÄRZ

APRIL

MAI

JUNI

JULI

AUG.

SEPT.

DAUERBLÜHER

April – Juni
20 – 100 cm

Merkmale
Riecht beim Zerreiben stark
nach Knoblauch; Stängel
aufrecht, unverzweigt;
Blätter gegenständig, herzförmig, grob gezähnt; Blüten 4-zählig, in einer Traube
am Ende des Stängels;
lange 4-kantige Schoten-
frucht auf kurzem Stiel.

Vorkommen
Häufige Pflanze schattiger
Waldränder; liebt nähr-
stoffreiche, lockere Lehmböden.

Gewöhnliche Knoblauchsrauke
Alliaria petiolata

Unsere heidnischen Vorfahren hielten diese
Pflanze schattiger Waldränder für „heilkräf-
tig und gegen allerlei Zauber schützend".
Heute wird sie als Gewürzkraut für Fisch,
Soßen und Salate verwendet. Andere Laucharten wie die Zwiebel oder der Knoblauch
gehören zu den Liliengewächsen. Die Knob-
lauchsrauke, die auch unter dem Namen
„Lauchkraut" bekannt ist, wird dagegen den
Kreuzblütlern zugeordnet. Alle Teile der
Pflanze enthalten das Glykosid Sinigrin, aus
dem ein ätherisches Öl abgespalten wird, das
Knoblauch- und Senföl enthält. Deshalb riechen ihre Blüten so unangenehm. Sie werden von vielen Mücken, Bienen und Schwebfliegen besucht und bestäubt.

MÄRZ

APRIL

MAI

JUNI

JULI

AUG.

SEPT.

DAUERBLÜHER

Zweiblättriges Schattenblümchen
Maianthemum bifolium

Die Gattung *Maianthemum* aus der Familie der Liliengewächse ist in den gemäßigten Zonen der Nordhalbkugel nur mit drei Arten vertreten. In unseren Wäldern gibt es das Zweiblättrige Schattenblümchen. „Maiblume" wird es auch genannt, und nichts anderes bedeutet der botanische Gattungsname, der sich aus dem lateinischen *maius* (Mai) und dem griechischen *anthemon* (Blume) zusammensetzt. Die kleinen weißen Blüten hellen im Mai die dunklen Moosrasen schattiger Wälder auf. Die erbsengroßen roten Beeren leuchten im September und Oktober aus dem Gestrüpp. Sie sind schwach giftig. Vögel fressen sie trotzdem und sorgen so für die Verbreitung der Samen.

April – Mai

5 – 20 cm

Merkmale
Giftige Pflanze unserer Wälder; Stängel etwa 10 cm hoch, mit meist 2 herzförmigen, bis 8 cm langen Blättern; Blüten weiß, 4-zählig, bilden einen traubigen Blütenstand am Stängelende; Früchte glänzend hellrote Beeren, reifen erst im Herbst.

Vorkommen
In Laub- und Nadelwäldern, bevorzugt schattige Standorte mit humusreichen, frischen Böden.

MÄRZ

APRIL

MAI

JUNI

JULI

AUG.

SEPT.

DAUERBLÜHER

Mai – Juni

3 – 15 m

Merkmale

Kleiner Baum mit typischen, unpaarig gefiederten Blättern aus 9–19 Einzelblättchen; junge Blätter riechen zerrieben nach Marzipan; Blüten in gelbweißen Dolden, duften süßlich schwer.

Vorkommen

Braucht nährstoffarme Böden und hohe Luftfeuchte, deshalb vor allem in den Laub- und Nadelwäldern der Gebirge, häufig bis an die Waldgrenze.

Eberesche
Sorbus aucuparia

Im August zeigt sich die Eberesche von ihrer schönsten Seite. Dann sind ihre korallenroten Früchte reif. Nicht weniger als 63 verschiedene Vogelarten fressen diese „Vogelbeeren" gerne. Deshalb wird der Baum auch „Vogelbeerbaum" genannt. Früher wurde er als „Lustgebüsch für Vögel" beschrieben. Dass er aber auch eines der bekanntesten Vogellockmittel war, geht aus seinem wissenschaftlichen Namen *Sorbus aucuparia* hervor. *Aucuparia* leitet sich vom lateinischen *aves capere* ab und bedeutet „Vögel fangen". Tatsächlich war der Singvogelfang mit Vogelbeeren bis ins 19. Jahrhundert das „Vergnügen des kleinen Mannes". Inzwischen ist er längst verboten.

MÄRZ

APRIL

MAI

JUNI

JULI

AUG.

SEPT.

DAUERBLÜHER

Fieberklee
Menyanthes trifoliata

Mit seinen seidenartig glänzenden Blüten
gehört der Fieberklee zu den schönsten
Wildpflanzen Mitteleuropas. Die fünf Kronblätter sind so zerfranst, dass sie wie rosa-
weißer Schaum wirken, besonders wenn
sie vor dunklem Moorwasser leuchten. Alte
Torfstiche und verlandete nährstoffarme
Tümpel sind der Lebensraum des Fieber-
klees. Seine drei Blätter erinnern an Klee
und die Wirkstoffe daraus verwendete man
gegen Fieber. So war sein Name geboren.
Er wird auch „Bitterklee" genannt. Heute ist
die Sumpfpflanze streng geschützt. Sie reagiert besonders empfindlich auf Düngerein-
trag und wird daher selten. Für den Gartenteich gibt es mittlerweile Zuchtformen.

Mai – Juni
15 – 30 cm

Merkmale
Pflanze mit waagerecht im
Boden kriechendem Wur-
zelstock und großen 3-
zähligen Blättern, die an
Kleeblätter erinnern; Blüten
in dichten Trauben am
Stängelende, Blütenblätter
am Rand mit zahlreichen
Härchen besetzt; Blüten-
schaft blattlos.

Vorkommen
Verbreitet in Mooren, in der
Verlandungszone mooriger
Teiche, an den Ufern von
Gräben und Sümpfen.

MÄRZ

APRIL

MAI

JUNI

JULI

AUG.

SEPT.

DAUERBLÜHER

April – Juni

10 – 40 cm

Merkmale

Mehrjährige, zerbrechlich wirkende Pflanze mit 4-kantigem Stängel; große weiße Blüte, 2–3 cm im Durchmesser; 5 Blütenblätter, fast bis zur Hälfte gespalten; Blätter gegenständig, schmal, lang zugespitzt; kugelige Fruchtkapsel.

Vorkommen

Weit verbreitet in krautreichen Laub- und Laubmischwäldern, auch in vielen Heckensäumen.

Große Sternmiere
Stellaria holostea

Wenn die Buchen gerade ihr hellgrünes Frühlingslaub entfaltet haben und die Eichen auszuschlagen beginnen, blüht am Waldrand schon ein weißes Sternenmeer. Die zarten Pflanzen wachsen wild durcheinander und ihre Stängelblätter und blühenden Triebe klettern aneinander empor. Die Große Sternmiere ist eine Charakterart der Eichen- und Hainbuchenwälder, begleitet aber auch Heckensäume und Gebüsche. Wer sie pflückt, erlebt eine Enttäuschung. Die Pflanzen welken in wenigen Minuten. Nach der Signaturenlehre des 17. Jahrhunderts sollen derartig zerbrechliche Pflanzen gerade bei Knochenbrüchen helfen. Tatsächlich heilte die Große Sternmiere Wunden.

MÄRZ

APRIL

MAI

JUNI

JULI

AUG.

SEPT.

DAUERBLÜHER

Holz-Apfel
Malus sylvestris

Ein Apfelbaum mit langen Dornen könnte ein Holz-Apfelbaum sein. Doch die Urform aller Kulturäpfel ist selten geworden. Über tausend Apfelsorten wurden schon gezüchtet, viele gerieten wieder in Vergessenheit. Lange Zeit unbeschnittene Zuchtformen nehmen dann wieder die Eigenschaften der Urform an und bilden Dornen aus. Am besten erkennt man den Wildapfel an den unterseits fast kahlen Blättern, während die meisten Zuchtformen sich samtig anfühlen. Kenner bereiten aus den kleinen Früchten ein herrlich duftendes Apfelgelee. Solche Bäume sollte man schützen. Sie sind Zeugen einer längst vergangenen Zeit, zu der es sich manchmal zurückzukehren lohnt.

Mai – Juni
5 – 10 m

Merkmale
Baum mit breiter Krone, Äste bedornt; Rinde graubraun, rissig; Blätter oben glänzend dunkelgrün und kahl, unten auf den Nerven behaart; Blüten innen weiß bis hellrosa, außen dunkler, Staubblätter gelb; Wildapfel etwa pflaumengroß.

Vorkommen
Waldränder, Hecken und Gebüsche; bevorzugt auf nährstoffreichen, frischen, steinigen Lehmböden.

MÄRZ

APRIL

MAI

JUNI

JULI

AUG.

SEPT.

DAUERBLÜHER

Mai – Juni

10 – 25 m

Merkmale
Rinde zunächst hellbraun,
glatt, im Alter graubraun,
rissig; Blätter handförmig,
aus 5–7 Teilblättern zusammengesetzt; weiße Blüten
in aufrechten Blütenstän-
den (Kerzen); Frucht eine
stachelige Kapsel, die
1–3 Samen (= Kastanien)
enthält.

Vorkommen
Stammt aus den Bergwäl-
dern des Balkans; heute in
ganz Mitteleuropa in Parks,
Alleen und Gärten gepflanzt.

Gewöhnliche Rosskastanie
Aesculus hippocastanum

Zehn bis fünfzehn Jahre muss dieser Baum
alt sein, bis er zum ersten Mal seine Blütenkerzen in unseren Frühling stellt. Dann ist er
mannbar und blüht jedes Jahr. Seine aufrecht stehenden Kerzen sind Blütenstände
aus vielen einzelnen Blüten. Von nahem
betrachtet sind sie ein Kunstwerk der Natur
und für Bienen haben sie einige Überra-
schungen parat: Die beiden oberen Kronblätter einer Blüte tragen am ersten Tag ein gel-
bes, am zweiten Tag ein ziegelrotes und am
dritten und vierten Tag ein karminrotes Saftmal am Grund. Das ist, als würde man der
Biene jeden Tag ein neues Verkehrszeichen
aufstellen. Wahrscheinlich zeigt es reife oder
unreife Blüten an.

MÄRZ

APRIL

MAI

JUNI

JULI

AUG.

SEPT.

DAUERBLÜHER

Wald-Geißbart
Aruncus dioicus

Diese Schönheit mit den elfenbeinfarbenen Blütenrispen wurde natürlich schon längst aus den Bergwäldern in unsere Gärten geholt. Dort blüht sie lange und ist eine große Zierde. Und dort kann man auch ihre merkwürdigen Partner beobachten. Stundenlang sitzen Tanzfliegen auf den Blüten und tauchen ihren langen Rüssel in jeden Kelch. Die Blütenstände erinnern tatsächlich entfernt an einen Ziegenbart, und danach wurde die Pflanze auch schon immer benannt: „Geißbart" in Kärnten, „goat's beard" in England und „barbe de bouc" in Frankreich. Manchmal hieß sie auch „Immekraut", weil der Imker damit den Korb auswischte, bevor er einen Bienenschwarm einfing.

Mai – Juli
100 – 200 cm

Merkmale
Zweihäusige Pflanze; die männlichen Blüten elfenbeinfarben, mit vielen Staubblättern, weibliche Blüten rein weiß; Blätter lang gestielt, meist 3-fach gefiedert und bis zu 1 m lang, Teilblättchen am Rand spitz gezähnt.

Vorkommen
Bergwälder, Schluchtwälder; vorzugsweise im Gebirge und Hügelland; braucht Standorte mit hoher Luftfeuchte; Schattenpflanze.

MÄRZ

APRIL

MAI

JUNI

JULI

AUG.

SEPT.

DAUERBLÜHER

April – Mai

5 – 15 cm

Merkmale
Blätter lang gestielt, 3-zählig, kleeähnlich; Blüten ebenfalls lang gestielt, weiß, mit rötlichen Adern, am Grund gelb gefleckt.

Vorkommen
Eine unserer häufigsten Waldpflanzen, in Laubwäldern und Nadelmischwäldern zu finden; typische Schattenpflanze, wächst sogar an Stellen, die nur noch von 1 % des Tageslichts erreicht werden.

Wald-Sauerklee
Oxalis acetosella

Bei Nacht geht der Wald-Sauerklee schlafen. Dann klappt er seine Blätter nach unten. Erst allmählich richten sie sich am nächsten Morgen wieder auf, aber nie alle gleichzeitig. Merkwürdig sind seine zwei Blütenformen. Die weithin sichtbaren weißen Blüten mit violetten Adern öffnen sich im Mai und locken mit viel Nektar Käfer und Bienen an. Trotz reicher Kundschaft entwickeln sich aber kaum Samen. Erst eine zweite, kaum stecknadelkopfgroße Blüte erzeugt die Samen. Und es bleibt merkwürdig: Die Früchte sind aufspringende Kapseln, die die Samenkörner über zwei Meter weit herausschießen. Doch am besten funktioniert die Verbreitung über Ausläufer.

MÄRZ
APRIL
MAI
JUNI
JULI
AUG.
SEPT.
DAUERBLÜHER

Wiesen-Kerbel
Anthriscus sylvestris

Es gab Zeiten, da bauten sich Kinder ihre Spielsachen selbst. So war für uns bei der Heuernte der Wiesen-Kerbel Grundlage für ein wunderschönes Spielzeug. Man schneidet sich zwischen zwei Knoten des „Hanswurstelkrauts" ein Stück Stängel ab und kerbt an einem Ende ein Stück so tief ein, dass es nur noch an einem Häutchen hängen bleibt. Dann wird ein Grashalm so durchgezogen, dass sich die Ähre am kleinen Stück etwas einklemmt. Schiebt man nun den Grashalm hin und her, nickt der „Hanswurst" mit dem Kopf. In Bayern war das ein beliebtes Spielzeug. Noch häufiger wurden die hohlen Stängel als Blasrohre benutzt.

April – Juni
60 – 150 cm

Merkmale
Hohler, kantiger, gefurchter Stängel, unten behaart, oben kahl; die glänzend dunkelgrünen Blätter sind in viele gezähnte Abschnitte geteilt; Blütendolde aus vielen kleinen, weißen Einzelblüten.

Vorkommen
Im Mai der auffälligste Massenblüher auf überdüngten Wiesen, an Ackerrainen, Gebüsch-, Straßen- und Wegrändern; tritt auch in Obstgärten auf.

MÄRZ

APRIL

MAI

JUNI

JULI

AUG.

SEPT.

DAUERBLÜHER

April – Juni
30 – 80 cm

Merkmale
Stängel reich verzweigt;
Blätter wechselständig, fein
zerteilt in schmale Zipfel,
riechen zerrieben aroma-
tisch; Blütendolde aus
kleinen, weißen, oft rötlich
überlaufenen Einzelblüten.

Vorkommen
In kühlen Lagen auf Wiesen
und Weiden mit frischen,
nährstoffreichen Böden;
vor allem auf den Wiesen
des Voralpenlandes ver-
breitet.

Wiesen-Kümmel
Carum carvi

Der Kümmel gehört zu den ältesten Gewür-
zen Europas. Wahrscheinlich haben bereits
die Menschen der Steinzeit ihre Speisen
damit schmackhafter gemacht. Küchen-
experten des antiken Rom empfahlen ihn
zum Würzen von Gemüse und Fisch. Auch
heute hat er einen festen Platz in unseren
Küchen. In Frankreich, Polen und den
Niederlanden wird Kümmel in großem Stil
angebaut. Als Wildpflanze schmückt er im
Mai unsere Wiesen und Feldraine mit seinen
rosa schimmernden Blütendolden. Wer hier
ab Juni Früchte sammeln möchte, sollte sich
gut auskennen und jede Verwechslung mit
anderen, oft hochgiftigen Doldenblütlern
sicher ausschließen können.

MÄRZ

APRIL

MAI

JUNI

JULI

AUG.

SEPT.

DAUERBLÜHER

Bär-Lauch
Allium ursinum

Im Frühling taucht diese Pflanze die Böden feuchter Laubwälder in ein weißes Blütenmeer. Aber schon wenige Wochen später, wenn die Bäume ihre Blätter entfaltet haben, ist von der Blütenschönheit nichts mehr zu sehen. Bereits im Juni reift die Frucht. Dieses auffällige Liliengewächs ist auch wegen seines typischen Geruches unverwechselbar. Seine Zwiebel wird ähnlich verwendet wie die des Knoblauchs und besitzt eine ähnliche Heilwirkung. Deshalb heißt die Pflanze im Volksmund auch „Wilder Knoblauch", „Hundsknoblauch" oder „Zigeunerknoblauch". Fressen Kühe die frischen Pflanzen, wird ihre Milch ungenießbar, denn sie schmeckt intensiv nach Knoblauch.

April – Juni
15 – 50 cm

Merkmale
Pflanze mit intensivem Knoblauchgeruch; doldiger Blütenstand an der Stängelspitze; Einzelblüten schneeweiß, mit 6 spitzen, lang gezogenen Blütenblättern; 2 lang gestielte Blätter, die an die Blätter von Maiglöckchen erinnern.

Vorkommen
Bildet in schattigen, feuchten Laubmisch- und Auwäldern ausgedehnte Bestände; braucht nährstoffreiche, lockere Lehmböden.

MÄRZ

APRIL

MAI

JUNI

JULI

AUG.

SEPT.

DAUERBLÜHER

Mai – Juni

10 – 25 cm

Merkmale
Der Blütenstängel wird
umhüllt von 2 breiten hell-
grünen Laubblättern; Blüte
glockenförmig, hängend,
duftet intensiv; scharlachrote, giftige Beerenfrüchte.

Vorkommen
Häufige Pflanze, die an
geeigneten Standorten in
dichten Beständen wächst;
vor allem in Eichen- und
Buchenwäldern sommer-
warmer Klimalagen; auch
beliebte Gartenpflanze.

Gewöhnliches Maiglöckchen
Convallaria majalis

Aus dem kräftigen Wurzelstock wachsen im
Frühjahr zunächst tütenförmig eingerollte
Blätter. Haben sie sich entfaltet, öffnen sich
auch die weißen Blütenglocken und verströmen ihren betörenden Duft. Aber nur in
warmen und hellen Laubwäldern. Das Maiglöckchen ist eine Charakterart der sommer-
warmen Eichen- und Buchenwälder Europas. Tritt es in schattigen Wäldern auf, bildet
es meist nur Blätter aus, aber keine Blüten.
Als Arzneipflanze hat das Maiglöckchen
auch heute noch Bedeutung. Es enthält
Saponine und Glykoside, die denen des Roten Fingerhutes ähneln. Getrocknet und zerrieben sind seine Blüten einer der Bestand-
teile des „Schneeberger Schnupftabaks".

MÄRZ

APRIL

MAI

JUNI

JULI

AUG.

SEPT.

DAUERBLÜHER

Echtes Salomonssiegel
Polygonatum odoratum

Der Name „Salomonssiegel" geht wahrscheinlich auf geheimnisvolle Zauberprakti-
ken zurück, die man mit der Pflanze trieb.
Salomo begegnet uns häufig in der Magie
und sein Siegelring ist im Morgenland der
Talisman der Zauberer. Tatsächlich trägt die
Pflanze am Wurzelstock ringförmige Narben, die man als Siegelabdrücke deutete. Sie
wächst in lichten Laub- und Mischwäldern,
vor allem wenn Eichen und Buchen darin
stehen. Für uns Kinder war sie ein geheim-
nisvolles Gewächs, weil sie in vielen Märchen als „Springwurzel" zum Schatzheben
und Öffnen vergrabener Truhen eingesetzt
wurde. Heute wird sie noch für Schönheits-
wässerchen verwendet.

Mai – Juni
20 – 40 cm

Merkmale
Kleinste der 3 heimischen
Weißwurzarten; hat einen
scharfkantigen Stängel, aus
dessen Blattachseln meist
nur jeweils eine Blüte
wächst; Blüte 2 cm lang,
glockenförmig, duftend;
dunkelblaue Beerenfrüchte.

Vorkommen
Wächst zerstreut in hellen
Kiefernwäldern, an Wald-
rändern und Böschungen;
liebt lockere, kalkhaltige,
trockene, auch sandige
Böden.

MÄRZ

APRIL

MAI

JUNI

JULI

AUG.

SEPT.

DAUERBLÜHER

Mai – Juni

50 – 100 cm

Merkmale

Seltene, geschützte Pflanze mit intensivem Duft nach Zimt oder Zitrone; Stängel behaart; Blätter unpaarig gefiedert und durchscheinend punktiert; Blütenblätter weiß bis rosa, dunkelrot geädert.

Vorkommen

Wärmeliebende Art, gedeiht auf kalkreichen Böden in hellen, trockenen Eichen- oder Kiefernwäldern, an Waldrändern, auch in Gebüschen.

Diptam
Dictamnus albus

Es war vor 30 Jahren im fränkischen Steigerwald. Erbarmungslos brannte die Sonne auf die Lichtung des Eichenwaldes. Und plötzlich stieg uns ein intensiver Geruch nach Zitrone und Zimt in die Nase. Wir hatten einen dichten Bestand des Diptam entdeckt. Vater hielt ein Streichholz in die Nähe einer Pflanze und tatsächlich gab es eine kleine Stichflamme, die der Blume nicht schadete. Die leicht brennbaren ätherischen Öle lagern in Ölbehältern in den Blättern, die dadurch wie durchsichtig punktiert erscheinen. Der Name „Diptam" stammt wohl aus Kreta. Aristoteles, der griechische Naturforscher, bezeichnete eine stark duftende Pflanze als „Dictamnon".

MÄRZ

APRIL

MAI

JUNI

JULI

AUG.

SEPT.

DAUERBLÜHER

Robinie
Robinia pseudoacacia

Wer im Mai über das Autobahnkreuz Nürnberg Richtung Stuttgart fährt, riecht ihren intensiven Duft bis ins Innere des Autos. Die Robinie säumt die Ränder des Kiefernwaldes, der als Nürnberger Reichswald der Stadt zu Reichtum verhalf. Unzählige Imkereien gibt es hier. Sie liefern der Stadt wie eh und je Honig als Süßungsmittel zur Lebkuchenherstellung. Seit Anfang des 17. Jahrhunderts können die Bienen auch an der Robinie Nektar saugen. Um diese Zeit brachte der Hofgärtner Heinrichs IV. den Baum nach Europa, wo er ein beliebter Zierbaum wurde und schnell verwilderte. Der Gärtner hieß übrigens Jean Robin, womit sich auch der Name der Pflanze erklärt.

Mai – Juni

10 – 20 m

Merkmale
Borke dunkelbraun; Zweige dicht mit Dornen besetzt; duftende, weiße Blüten in dichten hängenden Trauben; Blätter unpaarig gefiedert, Einzelblättchen oben sattgrün, unten graugrün; Früchte dunkelbraune flache Hülsen.

Vorkommen
An Waldrändern; Heimat Nordamerika, in Europa eingebürgert und verwildert; wärmeliebend, frostempfindlich.

MÄRZ

APRIL

MAI

JUNI

JULI

AUG.

SEPT.

DAUERBLÜHER

April–Juni

15 – 60 cm

Merkmale
Stängel hohl; Laubblätter breitflächig, nierenförmig, dunkelgrün und glänzend; Blütenblätter innen dottergelb und fettig glänzend, außen oft grünlich.

Vorkommen
Liebt nasse, nährstoffreiche Böden, ist überall an Gräben- und Bachrändern, auf Feuchtwiesen und in Bruchwäldern zu finden; bildet vor allem in Erlenbruchwäldern große Bestände.

Sumpfdotterblume
Caltha palustris

Dottergelb leuchten die Blüten dieser Sumpfpflanze. Die auffällige Färbung wird noch verstärkt durch die glänzende Oberfläche der Blütenblätter, die aussehen, als seien sie mit Klarlack überzogen. Diese Besonderheit vieler Hahnenfußgewächse erhöht ihre Schauwirkung für Insekten. Meistens jedoch sorgt der Regen für die Bestäubung. Er füllt die Blütenschalen mit Wasser und lässt den Pollen zur Narbe schwimmen. Auch später, wenn die Früchte reif sind, schleudern Regentropfen, die in die Blüte fallen, die Samen heraus. Botaniker nennen so eine Pflanze „Regenballist". Mit den Blüten färbte man früher die Butter gelb. Doch Vorsicht, die Pflanze ist schwach giftig!

MÄRZ

APRIL

MAI

JUNI

JULI

AUG.

SEPT.

DAUERBLÜHER

Sumpf-Schwertlilie
Iris pseudacorus

Flach wie Schwerter sind die langen Blätter
dieser Sumpfpflanze. Und auch die Blüten
sind eigenwillig gebaut. Scheinbar bestehen
sie aus drei Einzelblüten, die ineinander
geschachtelt sind. Doch das täuscht, die Blütenblätter sind nur unterschiedlich gebaut.
Innen liegen drei aufrechte schmale „Dom-
blätter", außen drei breite „Hängeblätter".
Pflanzen mit solchen Blüten nennt man
auch „Kraftblumen", weil nur kräftige Insekten es schaffen, ihre Blüten zu bestäuben.
Nur Hummeln gelingt es, hineinzukriechen
und an den tief liegenden Nektar zu gelangen. Später entwickeln sich Samenkapseln,
die im Herbst aufspringen. Die Samen fallen
ins Wasser.

Mai – Juni
30 – 120 cm

Merkmale
Unverwechselbare Pflanze;
Blätter schwertförmig,
1–3 cm breit und etwa so
lang wie der Blütenstängel;
8–10 cm große Blüten,
äußere Blütenhüllblätter
dunkel geädert.

Vorkommen
Häufigste der wild wach-
senden Schwertlilien; verbreitet an stehenden und
fließenden Gewässern;
bevorzugt nährstoffreiche,
nasse, schlammige Böden.

MÄRZ

APRIL

MAI

JUNI

JULI

AUG.

SEPT.

DAUERBLÜHER

Mai – Juni

50 – 200 cm

Merkmale
Unverwechselbarer Strauch
mit rutenförmigen, biegsa-
men, kantigen, grünen
Zweigen; Blätter unten am
Stängel kleeartig 3-zählig,
oben oft nur einfach; Blüten
mit spiralig nach innen
gebogenem Griffel; Früchte
reif flache schwarze Hülsen
mit vielen bohnenförmigen
Samen.

Vorkommen
Kiefernwälder, trockene
Waldränder, Kahlschläge;
bevorzugt Sandböden.

Besenginster
Cytisus scoparius

Am häufigsten ist dieser Strauch mittlerweile an Autobahnauffahrten und Straßenböschungen zu sehen. Hier wird er gern
gepflanzt, um die künstlichen Böschungen
aus Sand mit seinen Wurzeln zu befestigen.
Und hier findet er auch alles, was er braucht:
Magere Böden, viel Wärme durch die Hang-
lage und viel Licht. Natürlicherweise sind das
die Standortbedingungen von Heiden und
lichten Kiefernwäldern. In kalten Wintern
erfriert der Besenginster oft, treibt aber
meist wieder aus. Seinen Namen hat er nach
der früheren Verwendung: Die rutenförmigen Zweige ergaben gut kehrende Besen. Im
Mittelalter galten sie als Symbol dafür, Aber-
glauben aus den Häusern zu kehren.

MÄRZ
APRIL
MAI
JUNI
JULI
AUG.
SEPT.
DAUERBLÜHER

Gewöhnlicher Hornklee
Lotus corniculatus

Die Familie der Schmetterlingsblütler hat einen besonderen Blütenbau. Die Blüte besteht aus fünf Kronblättern. Das oberste heißt Fahne, die zwei seitlichen sind die Flügel und die zwei unteren sind zum Schiffchen verwachsen. Beim Hornklee ist das Schiffchen vergrößert und sieht wie ein Horn aus. Die auf trockenen Wiesen und Wegsäumen häufige Pflanze wird als Viehfutter sehr geschätzt. Außerdem verbessert sie die Böden. Der Gewöhnliche Hornklee wurzelt bis in einen Meter Tiefe. In seinen Wurzelknöllchen sind Bakterien enthalten, die Stickstoff binden. Der Volksmund gab dieser Pflanze oft lyrische Namen: „Frauenschühlein", „Engelsfüßle" oder „Goldener Klee".

Mai – August

5 – 30 cm

Merkmale
Typischer Schmetterlingsblütler; doldenartige Blütenköpfe aus 3–7 Blüten, Fahne und Schiffchen der goldgelben Blüten oft rötlich überlaufen; Stängel mit Mark gefüllt; Blätter gefiedert, aus 5 spitz zulaufenden Einzelblättchen.

Vorkommen
Sehr häufig auf Wiesen und Trockenrasen, an Wegrändern und an Böschungen, meist auf kalkreichen Böden.

MÄRZ

APRIL

MAI

JUNI

JULI

AUG.

SEPT.

DAUERBLÜHER

Mai – August
30 – 100 cm

Merkmale
Kräftige Pflanze mit winzigen roten Blüten, männliche und weibliche auf getrennten Pflanzen; Blätter lang gestreckt, schmecken sauer, jedes Blatt an der Basis mit zwei rückwärts gerichteten Lappen.

Vorkommen
Auf Grasland aller Art, besonders häufig auf feuchten, stickstoffreichen Böden; bildet dort Massenbestände und färbt die Wiesen rot.

Großer Sauerampfer
Rumex acetosa

Für uns Kinder war es eine kleine Mutprobe, ein Blatt des Sauerampfers zu kauen, ohne dabei das Gesicht zu verziehen. Die Blätter enthalten sehr viel Oxalsäure und deren Salze. Diese wirken in größeren Mengen giftig. Von allzu häufigen Mutproben ist also abzuraten. Beim Kochen allerdings zerfällt ein Teil der Salze. Deshalb kann man die Blätter als Suppengemüse und Spinat verwenden. Mit dem Saft der zermörserten Blätter lassen sich Tinten- und Rostflecken entfernen. Der Sauerampfer ist auf der ganzen Nordhalbkugel verbreitet. Lediglich in Südeuropa kommt er seltener vor. Der Name „Ampfer" entwickelte sich aus dem niederländischen Wort *amper* für „der Saure".

Bach-Nelkenwurz
Geum rivale

„Blutströpfchen" wurde diese Pflanze, die jeden Wiesengraben begleitete, früher genannt. Als Kinder haben wir ihre honigreichen Blüten als „Himmelsbrot" sogar gegessen. Heute wird die Bach-Nelkenwurz durch Entwässerung zunehmend selten. Genau wie die nahe verwandte Echte Nelkenwurz ist sie eine alte Heilpflanze, die im 12. Jahrhundert auch Hildegard von Bingen bekannt war. Man verwendete den bitter schmeckenden und aromatisch nach Gewürznelken duftenden Wurzelstock. Er enthält ein ätherisches Öl mit Eugenol, einem Stoff mit keimtötenden Eigenschaften. Mit einem Wurzelsud gurgelte man bei Halsentzündungen. Auf Wunden legte man zerstoßene Blätter.

April – Juni
15 – 60 cm

Merkmale
Stängel dicht behaart, aufrecht; nickende, glockenförmige, rotbraune Blüten meist zu 2–6 in einem lockeren Blütenstand; Blätter gefiedert, Endblättchen sehr groß.

Vorkommen
Bachufer, Gräben, feuchte Wiesen, Bruch- und Auwälder; früher überall häufig, heute durch Entwässerung in einigen Gebieten rückläufig.

MÄRZ
APRIL
MAI
JUNI
JULI
AUG.
SEPT.
DAUERBLÜHER

MÄRZ

APRIL

MAI

JUNI

JULI

AUG.

SEPT.

DAUERBLÜHER

April – Juni
30 – 70 cm

Merkmale
Hoher schlanker Blüten-
stängel; filigrane rosarote,
gelegentlich auch weiße
Blüten mit 5 Blütenblättern,
die bis über die Mitte in 4
schmale Zipfel gespalten
sind; Stängelblätter gegenständig, sehr schmal und
spitz zulaufend.

Vorkommen
In ganz Europa häufig,
bildet vor allem auf feuchten Wiesen, in Sümpfen
und Mooren lockere
Bestände.

Kuckucks-Lichtnelke
Lychnis flos-cuculi

Altgriechisch bedeutet *lychnos* Lampe oder
Leuchte. Mit dem Namen *Lychnis* hat man in
der Antike viele Blumen mit leuchtenden
Blüten benannt. 1738 schrieb der Chronist
Boerhaave über diese Pflanze: „Flos cuculi,
quia floret, quando cuculus cantat" – „die
Blume des Kuckucks, die blüht, wenn der
Kuckuck singt". In Mitteleuropa hat diese
Lichtnelke sehr viele Namen. Sie heißt „Krä-
henblume" wegen ihrer dem Vogelfuß ähn-
lichen Blütenblätter, „Wiesenkrönchen" oder
„Grasnelke" nach dem Standort. In Holland
nennt man diese Blumen „Molentjes", kleine
Mühlen, in England „cuckoo flower", in
Dänemark „kukemands ros" und in der Tos-
kana „fiore del cucullo".

MÄRZ

APRIL

MAI

JUNI

JULI

AUG.

SEPT.

DAUERBLÜHER

Rote Lichtnelke
Silene dioica

Die einfachste und zugleich wirkungsvollste Methode, um zu verhindern, dass eine Blüte sich selbst bestäubt, ist die Zweihäusigkeit. Dieser Begriff bezeichnet die Strategie einer Pflanze, männliche und weibliche Blüten zu trennen. Dann stehen die männlichen Blüten auf der einen und die weiblichen auf der anderen Pflanze. In der europäischen Pflanzenwelt ist das bekannteste Beispiel dafür die Rote Lichtnelke. Sie trägt den Begriff „zweihäusig" schon im wissenschaftlichen Namen: *dioica*. Es ist nicht leicht, die beiden Pflanzen zu unterscheiden, man braucht eine Lupe. Fünf fädige Narben hängen weit heraus – weibliche Blüten. Zehn Staubbeutel, kaum zu sehen – männliche Blüten.

April – September
30 – 100 cm

Merkmale
Zweihäusige Pflanze, d. h. die Blüten sind entweder männlich oder weiblich; Blütenblätter rosa bis purpurrot, tief 2-geteilt; Laubblätter gegenständig, lang und schmal; gesamte Pflanze stark behaart.

Vorkommen
Nässezeiger; in Auwäldern, Laubwäldern, hellen Nadelwäldern und an Waldrändern auf nährstoffreichen, feuchten, stickstoffhaltigen Böden.

MÄRZ
APRIL
MAI
JUNI
JULI
AUG.
SEPT.
DAUERBLÜHER

Mai – August
30 – 120 cm

Merkmale
Aufrechte Pflanze mit un-
verzweigtem Stängel und je
einem Blütenstand an der
Spitze; Blütenstand rosa,
dicht und walzenförmig, bis
1 cm dick und 5 cm lang;
Blätter länglich eiförmig,
die unteren gestielt, die
oberen sitzend.

Vorkommen
Nässe- und Nährstoffzei-
ger; im Berg- und Hügel-
land häufig auf feuchten
Wiesen, an Bach- und Gra-
benrändern.

Schlangen-Knöterich
Bistorta officinalis

Feuchte Wiesen in den Mittelgebirgen sehen
manchmal aus, als stünden sie voller Lam-
penputzer, so dicht an dicht wachsen die
Pflanzen mit den rosafarbenen Blütenständen. Diese ähneln walzenförmigen kleinen
Besen, mit denen man früher die gläsernen
Lampenzylinder der Petroleumleuchten rei-
nigte. Vielerorts heißen sie deshalb auch
„Flaschenputzer" oder „Schornsteinfeger".
Dieses Knöterichgewächs wurde früher in
der Volksheilkunde als Mund- und Gurgel-
wasser, bei Wunden und Geschwüren eingesetzt. Dazu grub man die schlangenähnlich
sich windenden Wurzelstöcke aus und nutzte ihre reizmildernden Eigenschaften. Die
frischen Pflanzen waren ein gutes Viehfutter.

MÄRZ
APRIL
MAI
JUNI
JULI
AUG.
SEPT.
DAUERBLÜHER

Stattliches Knabenkraut
Orchis mascula

Nur 32 Arten von Knabenkräutern gibt es auf
der Nordhalbkugel, 13 davon in Mitteleuropa.
Sie gehören zu den Orchideen und bedürfen
unseres Schutzes, denn sie sind gefährdet.
Heute vor allem durch den Dünger, den
Landwirte auf magere Wiesen streuen, um
die Graserträge zu steigern. Früher waren sie
durch eine ganz besondere Nachfrage be-
droht. Man grub sie aus, um an die beiden
Wurzelknollen zu gelangen, die der Pflanze
als Nährstoffspeicher dienen. Diese Knollen
spielten im Volksglauben eine besondere
Rolle: Das griechische Wort *orchis* bedeutet
Hoden. Man nahm an, dass derjenige, der
solche Knollen isst, die Kraft bekäme, Kna-
ben zu zeugen.

Mai – Juni
20 – 50 cm

Merkmale
Geschützte Pflanze, die
wegen ihres hohen Wuch-
ses viele der heimischen
Knabenkrautarten überragt;
Stängel oben purpurn ange-
laufen; zungenförmige
Blätter, oft mit feinen purpurroten Punkten und
Strichen; lockerer Blütenstand, Einzelblüte mit 3-
lappiger Lippe und sackför-
migem Sporn.

Vorkommen
Magerwiesen und Trocken-
rasen.

MÄRZ

APRIL

MAI

JUNI

JULI

AUG.

SEPT.

DAUERBLÜHER

Mai – August

20 – 60 cm

Merkmale
Blüten rot oder blauviolett, zu 2–6 in kurz gestielten Büscheln; Blätter gefiedert mit 8–14 Teilblättchen, anstelle des Endblättchens eine Ranke, mit deren Hilfe andere Pflanzen überwachsen werden.

Vorkommen
In fast ganz Europa häufig, auf Fettwiesen, an Weg- und Ackerrändern, auch auf Waldlichtungen; eiweißreiche Futterpflanze.

Zaun-Wicke
Vicia sepium

„Wicken ranken alles zu, wachsen selbst durch einen Schuh", sagt ein Sprichwort aus England. Es beschreibt treffend, wie Wicken mit Hilfe ihrer Ranken andere Pflanzen überwachsen. Mit dieser Lebensweise verschaffen sie sich Vorteile im Kampf um das Licht. Die Ranken reagieren an der Spitze empfindlich auf Berührung und krümmen sich bei Kontakt mit einer anderen Pflanze. Sie vollführen auch kreisende Suchbewegungen, die man beobachten kann, wenn man eine Ranke mit einem Faden markiert und Stunde um Stunde ihre Krümmung aufzeichnet. Weil die Blütentrauben im Wind auf und ab wippen, heißt die Pflanze in Thüringen „Reiterpferdchen".

MÄRZ

APRIL

MAI

JUNI

JULI

AUG.

SEPT.

DAUERBLÜHER

Gamander-Ehrenpreis
Veronica chamaedrys

Woher der Name *Veronica* als Bezeichnung
für eine Pflanzengattung kommt, ist umstrit-
ten. Im vorigen Jahrhundert brachte man
diese Heilpflanze mit der Heiligen Veronika
in Verbindung und sah in der Blüte sogar
eine Ähnlichkeit mit dem Antlitz des Hei-
lands auf dem berühmten Schweißtuch.
Der Artname *chamaedrys* dagegen ist einfach
herzuleiten. Er ist griechisch und bedeutet
„Bodeneiche". Wohl deshalb, weil die Blätter
in der Form an die von Eichen erinnern. Dieser Ehrenpreis ist eine von über 300 Arten
der sehr formenreichen Gattung *Veronica*
und über ganz Europa verbreitet. Trockene
Eichenwälder und Heckenränder sind sein
Lebensraum.

April – Juni
10 – 30 cm

Merkmale
Kantiger Stängel mit 2
Haarleisten; Blätter gegenständig, eiförmig, im unteren Stängelbereich kurz
gestielt, oben sitzend; Blüten himmelblau mit dunkelblauen Adern, Blütenblätter
fallen leicht ab; kleine herzförmige Kapselfrucht.

Vorkommen
Fast überall auf nährstoffreichen Böden anzutreffen;
weit verbreitet in trockenen
Wäldern und Gebüschen.

MÄRZ

APRIL

MAI

JUNI

JULI

AUG.

SEPT.

DAUERBLÜHER

April – Juni

5 – 20 cm

Merkmale
Geruch angenehm würzig;
unterer Teil des Stängels
niederliegend, bewurzelt
sich an den Knoten, die
blühenden Triebe sind
aufgerichtet; Blüten in den
Blattachseln; Blätter gegenständig, herzförmig.

Vorkommen
Nährstoffzeiger; wächst auf
Grünland aller Art, auf
Wiesen und Weiden, an Ge-
büschrändern und an den
Ufern von Gewässern.

Gewöhnlicher Gundermann
Glechoma hederacea

Wer auf dem Lande wohnt, begegnet dem
Gundermann überall: Unter jeder Hecke, an
der Gartenmauer, am Bach und auch am
Waldrand. Er kriecht am Erdboden dahin
und richtet die blühenden Triebe kaum zwei
Handbreit auf. Wer sich zu ihm bückt, kann
seinen würzigen Geruch wahrnehmen, der
ihn zu einem beliebten Küchenkraut werden
ließ. Die „Soldatenpetersilie" würzt heute
noch Schweinebraten. Man sollte die jungen
Blätter unbedingt auch einmal in Salat und
Quark probieren. An der Luft getrocknet
sind sie Bestandteil des berühmten Schwei-
zer Tees, der als Heiltee bei Erkältungen
hilft. In Wildblumengärten ist der Gundermann ein früh blühender Bodendecker.

MÄRZ

APRIL

MAI

JUNI

JULI

AUG.

SEPT.

DAUERBLÜHER

Gewöhnliches Hunds-Veilchen
Viola canina

In Mitteleuropa gibt es 20 Veilchenarten, aber auch zahlreiche Kreuzungen, die es selbst dem Spezialisten schwer machen, sie zu bestimmen. Für das Hunds-Veilchen ist das sicherste Merkmal: nur Blätter an den Stängeln, keine Blätter als Rosette über der Wurzel. Diese Art hat sich ganz Europa mit Ausnahme des äußersten Südostens erschlossen. Die meisten Veilchengewächse sind krautige Pflanzen, doch in den Mittelmeerländern gibt es auch holzige Vertreter. Der Volksmund unterscheidet und benennt die verschiedenen wild wachsenden Veilchen nicht so genau. Er bezeichnet alle blau blühenden Arten, die nicht duften, mit dem Sammelnamen „Hunds-Veilchen".

April – Juni
5 – 30 cm

Merkmale
Im Gegensatz zu vielen anderen Veilchenarten nur mit Stängelblättern, ohne grundständige Blattrosette; Stängel kurz behaart; Stängelblätter lang gestielt; Blüten an langen Stielen in den Blattachseln, Blütenblätter blauviolett auf weißem Grund, Blütensporn etwa 5 mm lang.

Vorkommen
Verbreitet in Wäldern und auf Heiden; meidet kalkreiche Böden.

MÄRZ

APRIL

MAI

JUNI

JULI

AUG.

SEPT.

DAUERBLÜHER

Mai – Juni
15 – 60 cm

Merkmale
Pflanze enthält weißen Milchsaft; Stängel rund, nicht verzweigt; Stängelblätter wechselständig, dünn, 2–5 cm lang, schmal, mit abgerundeter Spitze; meist 5-strahliger Blütenstand.

Vorkommen
Laub- und Mischwälder in nicht zu trockenen Lagen; in Kalkgebieten häufig; gedeiht noch an Stellen, an denen sie nur etwa 10 % des Tageslichts erhält.

Süße Wolfsmilch
Euphorbia dulcis

Versteckt in Buchenmischwäldern bildet diese Wolfsmilchart zarte, zerbrechlich wirkende Pflanzen. Ist sie auch unscheinbar, so ist sie doch häufig und sogar eine Charakterart der Buchen- und Laubmischwälder. Sie ist in ganz Mitteleuropa zu Hause, ihr Verbreitungsgebiet reicht südwärts bis Nordspanien und Mittelitalien. In Deutschland besiedelt sie vor allem den Westerwald, die Eifel, die Rhön, die Pfalz und die Fränkischen Muschelkalkgebiete. In der Antike stand das Wort *euphorbion* für „wohlgenährt" und bezieht sich auf den dicken Milchsaft der Wolfsmilchgewächse. Diese Pflanzenfamilie ist mit rund 1600 Arten vor allem in den Subtropen und Tropen beheimatet.

MÄRZ · APRIL · MAI · JUNI · JULI · AUG. · SEPT. · DAUERBLÜHER

Feld-Ahorn
Acer campestre

Mit 25 Jahren blüht der Feld-Ahorn zum ersten Mal. In der Regel ist er einhäusig, das heißt ein Baum besitzt getrenntgeschlechtliche männliche und weibliche Blüten. Doch gelegentlich werden auch Blütenstände gefunden, auf denen sich sowohl zwittrige als auch männliche und weibliche Blüten befinden. Nach der Bestäubung bilden sich Früchte mit langen, waagerecht ausgebreiteten Flügeln. Der Wind trägt sie wie Hubschrauber durch die Luft und verbreitet sie. Der Feld-Ahorn liegt uns häufig zu Füßen. Sein schön gemasertes Holz ist sehr fest und doch elastisch und eignet sich gut für Parkettböden. Nach 50 bis 60 Jahren erreicht der Baum eine Höhe von 15 Metern.

April – Mai
10 – 15 m

Merkmale
Sommergrüner, buschiger Baum; Blätter 3–5-lappig, kleiner als bei den übrigen Ahornarten; Blüten gelbgrün, zunächst aufrechte, später überhängende Dolden, erscheinen mit den Blättern; Früchte mit waagerecht ausgebreiteten Flügeln.

Vorkommen
Überall im Flachland häufig, in Eichenwäldern, Auwäldern, Buchenwäldern, an Waldrändern.

MÄRZ

APRIL

MAI

JUNI

JULI

AUG.

SEPT.

DAUERBLÜHER

Mai – Juni

10 – 30 cm

Merkmale
Eine Verwechslung mit anderen Pflanzen ist ausgeschlossen; eine einzelne große Blüte erhebt sich über einem Blattquirl aus 4 gleichartigen Blättern (Name!); die Früchte sind kirschgroße blauschwarze Beeren; alle Pflanzenteile sind giftig.

Vorkommen
In Laubwäldern, Auwäldern, Nadelmischwäldern; bevorzugt feuchte, nährstoffreiche Standorte.

Vierblättrige Einbeere
Paris quadrifolia

Eine derart auffällig symmetrische Pflanze macht jeden auf sich aufmerksam. Wie ein Kreuz aus vier ovalen Blättern steht sie in feuchten Laubmischwäldern. Ihre grünen Blüten sind eher unauffällig, aber die Frucht ist als schwarze Beere inmitten des Blätterkreuzes nicht zu übersehen. Und so kam es schon zu vielen gefährlichen Begegnungen, wenn Kinder die Giftbeeren mit Heidelbeeren verwechselten. Das lässt sich verhindern, wenn man sich diese Pflanze, die stets nur eine Beere trägt, einprägt. Die einzige Beere ist das Hauptkennzeichen und schlägt sich in vielen Sprachen im Namen nieder: „one berry" in England, „en bär" in Schweden und „een bezie" in Holland.

MÄRZ

APRIL

MAI

JUNI

JULI

AUG.

SEPT.

DAUERBLÜHER

Großes Zweiblatt
Listera ovata

Der englische Arzt und Zoologe Martin Lister war 1709 Leibarzt der Königin Anna von England. Ihm zu Ehren wurde hundert Jahre später die kleine Orchidee mit den eiförmigen Blättern *Listera ovata* genannt. Obwohl sie wahrscheinlich stellenweise noch nicht gefährdet ist, steht sie unter Naturschutz. Mit ihren merkwürdigen Blüten lockt sie besondere Bestäubungsinsekten an, für die sie Nektar auf der Unterlippe ausscheidet. Damit die Ameisen ihr den Zuckersaft nicht stehlen, hat die Pflanze ihren Stängel knapp unter dem Blütenstand mit dichten Haaren versehen. Diese Klettersperre für Ameisen funktioniert, wie man im Wald beobachten kann.

Mai – Juli
20 – 60 cm

Merkmale
Leicht bestimmbare Orchideenart; ihr Stängel trägt knapp über dem Boden 2 gegenständige, ungestielte, breit eiförmige Blätter mit deutlich hervortretender Nervatur; traubiger Blütenstand aus vielen Einzelblüten.

Vorkommen
Wächst in Laubmischwäldern, Auwäldern und Gebüschen; Halbschattenpflanze; liebt nährstoffreiche, gut durchfeuchtete Böden.

MÄRZ

APRIL

MAI

JUNI

JULI

AUG.

SEPT.

DAUERBLÜHER

Juni

Im Juni ist die hohe
Zeit der Ackerwild-
kräuter. Mohnrot und
kamillenweiß sind die
Farben dieses Monats.
Felder und Hecken
sind die Lebensräume,
in denen sich im Juni
die meisten Pflanzen
blühend erleben las-
sen. Oft sind es
kleine Kostbarkei-
ten wie der Krie-
chende Günsel, die
man im Acker nur
findet, wenn man
sich auf die Knie
niederlässt, oft sind es
aber auch Bäume oder
blühende Sträucher
wie Weißdorn und
Holunder. Waren im
Frühling die Blütezei-
ten in wärmeren und
kühleren Gebieten
noch sehr unterschied-
lich, so gleichen sie
sich im Juni langsam
an. In der ersten Juni-
woche blüht überall
die Heckenrose. Nur
in den Bergen sind
noch Spätfrühlings-
blumen zu finden wie
die Trollblume.

✤

MÄRZ

APRIL

MAI

JUNI

JULI

AUG.

SEPT.

DAUERBLÜHER

Mai – August

30 – 90 cm

Merkmale

Kriechende Wasserpflanze mit hohlen Stängeln; Blätter dunkelgrün, unpaarig gefiedert; Blütentraube aus weißen Blüten; Staubbeutel gelb (nicht violett wie beim ähnlichen Bitteren Schaumkraut).

Vorkommen

Hauptsächlich im kühlen Wasser von Quellteichen und Bächen; wird heute wieder als Salatpflanze in flachen Becken mit fließendem Wasser kultiviert.

Echte Brunnenkresse
Nasturtium officinale

Mitten auf der Wiese blubbert das Wasser aus der Tiefe des Quelltopfes, wird zum Rinnsal und vereinigt sich mit vielen anderen zum schnell fließenden Bach. Rings um den Quelltopf bildet die Brunnenkresse einen grünen Rahmen. Sie steht mit den Wurzeln im Wasser und zeigt viele Anpassungen an diesen Standort. So ist der Stängel hohl, die Blätter kahl und glatt, die ganze Pflanze robust. Die Blüten erinnern ein wenig an das bekannte Wiesen-Schaumkraut und werden von Schmetterlingen bestäubt. Die Samen haften am Federkleid von Wasservögeln. Wegen der Senföle und Bitterstoffe in ihren Blättern ist die Brunnenkresse ein gesuchtes Gemüse.

MÄRZ

APRIL

MAI

JUNI

JULI

AUG.

SEPT.

DAUERBLÜHER

Krebsschere
Stratiotes aloides

Die Pflanzengesellschaften eines Gewässers verändern sich im Laufe der Zeit. Dabei folgen sie gesetzmäßigen Entwicklungsstufen. Am Anfang stehen Schwimmblattpflanzen wie die Seerose, die Krebsschere und andere frei schwimmende Pflanzen. Ihnen folgt ein Röhrichtgürtel mit Schilf und Rohrkolben. Den Abschluss der Teichverlandung bildet ein Erlenbruch. Die Krebsschere schwimmt zur Blütezeit auf dem Wasser. Ihre weißen Blüten werden auch im Pflanzengewirr des Teiches von Insekten gefunden. Oft landet in der Blattrosette eine zwölf Zentimeter große grüne Libelle und sticht ihre Eier in die Blätter. Diese Grüne Mosaikjungfer lebt nur bei der Krebsschere.

Mai – Juli
10 – 50 cm

Merkmale
Frei auf dem Wasser schwimmende Pflanze mit einer Rosette aus schwertförmigen, sehr scharf stachelig-gesägten Blättern; männliche oder weibliche Blüten sitzen tief im Innern der Blattrosette.

Vorkommen
In großen Beständen in nährstoffreichen, stehenden oder langsam fließenden Gewässern; in fast ganz Europa anzutreffen.

Mai – August

10 – 30 cm

Merkmale

Stängel 4-kantig, dünn, durch rückwärts gerichtete Stachelzähnchen rau; Blätter stehen meist zu vieren zusammen; lockerer Blütenstand aus kleinen Blüten (nur 2–4 mm Durchmesser), die Staubbeutel sind dunkelrot.

Vorkommen

Häufig an Sümpfen, in Gräben, am Ufer stehender oder langsam fließender Gewässer, auch in nährstoffreichen Sumpfwiesen.

Sumpf-Labkraut
Galium palustre

Der wissenschaftliche Name *Galium* bezieht sich auf ein Ferment in den Pflanzen, das Milch zum Gerinnen bringt (griech. *gala*, Milch). Früher wurde es aus den Blütenständen vieler *Galium*-Arten gewonnen, heute stammt es meist aus dem Labmagen von Rindern. Nur Englands Chesterkäse macht man noch mit gelbem Labkraut. Die Labkräuter haben sich die Lebensräume gut aufgeteilt. Im Sumpf blüht das Sumpf-Labkraut, im Wald der Waldmeister, am Wegrand das Klebkraut. Weitere wachsen im Moor, im Gebirge und sogar im kalten Norden. Das Sumpf-Labkraut wächst manchmal Gräben zu. Meistens aber steht es unauffällig in kleinen Gruppen in Sumpf und Röhricht.

MÄRZ

APRIL

MAI

JUNI

JULI

AUG.

SEPT.

DAUERBLÜHER

Acker-Hornkraut
Cerastium arvense

Zur Gattung der Hornkräuter gehören zahlreiche Arten, die im Frühsommer überall an grasigen Plätzen zu finden sind. Ackerränder und das Acker-Hornkraut gehören zusammen. Dort ist es nicht auszurotten, weil es reich verzweigte Ausläufer hat, die auch eine mechanische Behandlung des Bodens mit Ackergeräten überstehen. Da die Pflanze schöne geschlossene Blütenpolster bildet, ist sie für den Wildblumengarten zu empfehlen. Auch in Steingärten lässt sie sich gut pflanzen. Von ferne sieht sie wegen ihrer feinen Behaarung wie mit Mehl bestäubt aus. „Hornkraut" wurde sie von den Botanikern des 18. Jahrhunderts genannt, weil ihre Samenkapsel wie ein Horn gebogen ist.

Mai – August
5 – 30 cm

Merkmale
Kräftige mehrjährige Pflanze; Blätter und Stängel kurz behaart; Blätter gegenständig, lang und schmal; Blüten weiß, die 5 Blütenblätter bis 2 cm lang und 1/4 ihrer Länge eingeschnitten.

Vorkommen
Pionierpflanze auf offenen, besonnten Standorten; weit verbreitet auf Äckern, an Wegen, Bahndämmen und Böschungen; liebt trockene, lockere, kalkreiche Böden, bildet dort dichte Bestände.

MÄRZ

APRIL

MAI

JUNI

JULI

AUG.

SEPT.

DAUERBLÜHER

Mai – August

5 – 30 cm

Merkmale
Mehrjährige, salzliebende, kriechende Pflanze; gelbe fleischige Stängel tragen dicht nebeneinander sitzende Reihen gegenständiger, dunkelgrüner, fleischiger Blätter; weiße bis rötliche kleine Blüten in den Blattachseln.

Vorkommen
Bildet dichte Teppiche auf den sandigen und schlickigen Salzwiesen des Marschlandes; auch in den Dünen an Nord- und Ostsee.

Milchkraut
Glaux maritima

„Mit glänzenden Augen am Meer wachsend", so lautet die Übersetzung des wissenschaftlichen Namens der Pflanze aus dem Altgriechischen. Der deutsche Name „Milchkraut" zeugt von ihrem praktischen Nutzen: Bekommt das Vieh sie zu fressen, steigen die Milcherträge. Salzige Böden zu ertragen, das gelingt nur wenigen Pflanzen. Das Milchkraut auf den Salzwiesen von Nord- und Ostsee löst das Problem, indem es an regenreichen Tagen Süßwasser in den Blättern speichert. Regentage gibt es am Meer genug, aber auch Sonnenschein, der schnell den Boden aufheizt. Dann heißt das Problem Verdunstung. Und die wird durch den kompakten Wuchs herabgesetzt.

MÄRZ

APRIL

MAI

JUNI

JULI

AUG.

SEPT.

DAUERBLÜHER

Nickendes Leimkraut
Silene nutans

Auf sonnigen Hügeln steht diese Blume mit einer ganz besonderen Lebensgeschichte: Tagsüber sind an ihren Blüten keine Bestäuber zu sehen. Doch wer abends nach ihnen sieht, erlebt eine Überraschung. Das Leimkraut riecht jetzt angenehm nach Hyazinthen. Und nun ist auch Hochbetrieb an den nickenden Blüten. Viele kleine Falter aus der Familie der Eulen schwirren heran und entrollen ihren langen Saugrüssel. Gelegentlich legen sie auch ein Ei in die Blüte, damit sich die Raupe dort geschützt entwickeln kann. Am Stängel trägt die Pflanze knapp unterhalb der Blüten einen Leimring. Er soll Ameisen daran hindern, die Blüten zu besteigen und den Nektar zu stehlen.

Juni – August
30 – 60 cm

Merkmale
Stängel weich behaart, oben klebrig; Blätter am Stängel gegenständig, lang, schmal und spitz zulaufend; hängende weiße oder rosa gefärbte Blüten, deren Kronblätter tief 2-geteilt sind, öffnen sich abends und nachts, duften dann ähnlich intensiv wie Hyazinthen.

Vorkommen
Auf mageren trockenen Böden; in Magerrasen, an sonnigen Hügeln.

MÄRZ

APRIL

MAI

JUNI

JULI

AUG.

SEPT.

DAUERBLÜHER

Mai – Juni

20 – 40 cm

Merkmale
Stängel ohne oder mit nur
1–2 kleineren Blättern;
Grundblätter lang gestielt,
handförmig geteilt, dunkelgrün, ledrig; Einzelblüten
sehr klein, rötlich weiß,
bilden eine Blütendolde;
Früchte mit hakenförmigen
Stacheln.

Vorkommen
Krautreiche Laubwälder,
Auwälder, Nadelmisch-
wälder; Halbschatten-
pflanze; liebt frische nährstoffreiche Lehmböden.

Wald-Sanikel
Sanicula europaea

Weil aus Buchenlaub so viel wertvoller
Humus entsteht, wächst die Sanikel gerne
unter Buchen. Diese Pflanze braucht humo-
se Böden und ist europaweit in Buchen- und
Laubmischwäldern häufig. Überall hat sie
einen besonders guten Ruf, denn sie gilt als
Allesheiler. Früher war sie das Kraut gegen
schlecht heilende Wunden und hieß in Oberbayern „Fünfwundenkraut". Dabei geht die
Zahl fünf auf die fünfteiligen Laubblätter
zurück. Die Bedeutung der Sanikel als Heilpflanze hat mit der modernen Medizin abge-
nommen. Aber in der Naturheilkunde wird
sie immer noch bei Halsentzündungen und
Bronchitis verwendet, in der Homöopathie
bei Durchfallerkrankungen.

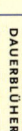

MÄRZ

APRIL

MAI

JUNI

JULI

AUG.

SEPT.

DAUERBLÜHER

Gewöhnlicher Schneeball
Viburnum opulus

Seine weißen Blütenstände ähneln von wei-
tem tatsächlich einem Schneeball. Sie bestehen aus leuchtend weißen Randblüten und
deutlich kleineren, leicht gelblichen Innen-
blüten. Die Randblüten sind unfruchtbar,
die inneren locken mit einem eigenartigen
Geruch Fliegen an und werden von ihnen
bestäubt. Bald danach sind noch einzelne
Blütenstände und scharlachrote Früchte
gemeinsam am Strauch zu sehen. Diese
Früchte sind roh ungenießbar und werden
im Sommer auch von den Vögeln gemieden.
Erst im Winter, nach klirrenden Frostnächten, fallen Seidenschwänze und Wacholder-
drosseln über den Strauch her und in kür-
zester Zeit sind alle Beeren verschwunden.

Mai – Juli

2 – 5 m

Merkmale
Blätter meist 3-lappig,
ahornähnlich, oben kahl,
unten in den Nervenwin-
keln behaart; Blüten weiß,
in doldenartigen Blüten-
ständen am Ende der Stän-
gel; Rinde längsrissig;
Früchte erbsengroße, gla-
sig rote Beeren.

Vorkommen
Mit Ausnahme des äußers-
ten Nordens in ganz Euro-
pa; wild wachsend in feuchten Laubwäldern und
Auwäldern, an Bachufern.

MÄRZ

APRIL

MAI

JUNI

JULI

AUG.

SEPT.

DAUERBLÜHER

Juni – Juli

2 – 7 m

Merkmale
Großer kugeliger Strauch mit vielen Blütenständen aus weißen, flachen Dolden; Blüten weiß, duften süßlich schwer; gefiederte Blätter mit meist 5 Teilblättchen; Rinde graubraun, rissig; Früchte kleine, glänzend scharze Beeren mit rotem Saft, essbar.

Vorkommen
Stickstoffzeiger; wächst vor allem in Hecken und Gebüschen, an den Rändern feuchter Wälder.

Schwarzer Holunder
Sambucus nigra

Es gibt wohl keinen Bauernhof ohne Holunder. Weil er einen nährstoffreichen Boden braucht, steht er meist in der Nähe des Misthaufens. Wurde er nicht angepflanzt, brachten Vögel seine Samen mit. Der Holunder ist die lebende Hausapotheke des deutschen Einödbauern, bringt Vitamine, Naturheilmittel gegen Fieber und sogar besondere Genüsse. Die Blüten in Brandteig getaucht und ausgebacken sind eine Leckerei „made by Holunder". Auch im Geschmack einer bekannten österreichischen Limonade findet sich das Aroma seiner Blüten. Wissenschaftliche Untersuchungen ergaben, dass Holunderbeeren für Singvögel der wichtigste Energielieferant für den Zug nach Afrika sind.

Steinbeere
Rubus saxatilis

Die Gattung *Rubus* aus der Familie der
Rosengewächse umfasst weltweit etwa 700
Arten. Ihre Hauptvorkommen sind an Waldrändern und in Waldgesellschaften. Einige
Arten sind auch in entwässerten Hochmoo-
ren und Weidengebüschen zu Hause. Die
Steinbeere ist fast in ganz Europa verbreitet.
Sie wächst zerstreut in feuchten Wäldern,
besonders Mischwäldern. Genauso wohl
fühlt sie sich aber an steinigen Hängen, in
den Alpen auch noch in Höhenlagen von
2400 Metern. Ihr deutscher Name „Steinbeere" und ihr wissenschaftlicher Artname
saxatilis drücken das sehr treffend aus.
Das lateinische *saxatilis* bedeutet „an oder
zwischen Felsen vorkommend".

Mai – Juni
10 – 25 cm

Merkmale
Krautige Pflanze mit meist
niederliegenden Stängeln,
nur die Blüten tragenden
Stängel wachsen aufrecht;
Blätter 3-teilig, doppelt
gesägt; kleine weiße Blüten;
Früchte hellrot, essbar, aber
fade im Geschmack, erin-
nern entfernt an Johannis-
beeren.

Vorkommen
In Laub- und Mischwäl-
dern, aber auch an steinigen Hängen, auf Heiden;
liebt kalkhaltige Böden.

Mai – August

20 – 50 cm

Merkmale

Zerbrechlich wirkende Pflanze feuchter Wälder, welkt schnell nach dem Pflücken; Stängel rund, schlaff, behaart; Blätter gestielt, herzförmig; weiße Blüte mit 5 Blütenblättern, die fast bis zum Grund 2-geteilt sind.

Vorkommen

Auwälder, Laubwälder, in Bergwäldern bis in die Latschengebüsche; bevorzugt halbschattige Standorte mit kalkarmen Böden.

Hain-Sternmiere
Stellaria nemorum

„Kleiner Stern aus dem Wald, der als Viehweide genutzt wird" ist die wörtliche Übersetzung des wissenschaftlichen Namens *Stellaria nemorum*. Früher war es üblich, das Vieh in den Wald zu treiben, wo es viele zarte Kräuter wie die Sternmiere gab. Sie ist die Charakterart feuchter Hainbuchenwälder, wächst im Bergwald und klettert in den Alpen bis auf 2200 Meter hinauf. Ihre Früchte dienen vielen Weichfresserarten unter den Vögeln als Futter. Leider kann die Hain-Sternmiere im Forst auch Schaden anrichten. Sie ist der Zwischenwirt des Rostpilzes *Melampsorella caryophyllacearum*, der an der Weißtanne den Tannenkrebs und damit Hexenbesen verursacht.

MÄRZ

APRIL

MAI

JUNI

JULI

AUG.

SEPT.

DAUERBLÜHER

Wald-Erdbeere
Fragaria vesca

Den wahren Erdbeergeschmack hat nur die kleine Wald-Erdbeere. Sie enthält weniger Wasser und mehr Zucker als Gartenerdbeeren. Die heutigen Kulturformen stammen meist aus Kreuzungen amerikanischer Sorten. „Nahe an der Erde" bedeutet der mittelhochdeutsche Begriff *ertber* und weist auf die niedrige Wuchsform hin. Erstaunlich ist es, dass diese Pflanze zu den Rosengewächsen gehört, erinnert die Frucht doch so gar nicht an eine Hagebutte. Genauer betrachtet ist sie auch keine echte Frucht, sondern eine Scheinfrucht, denn sie ist nicht aus der Umwandlung des Fruchtknotens hervorgegangen. Das rote Fleisch der Erdbeere ist der fleischig gewordene Blütenboden.

Mai – Juni
5 – 20 cm

Merkmale
Stängel behaart; Blätter 3-zählig, mit langen Stielen, an der Unterseite seidig behaart; Blütenstiele blattlos, behaart; weiße Blüten mit 5 Kelchblättern und 5 Kronblättern.

Vorkommen
Häufige Pflanze sonniger Waldlichtungen; verbreitet in Laubwäldern, hellen Nadelwäldern, an Waldwegen, Waldrändern; auch in Hecken- und Gebüschsäumen; Stickstoffzeiger.

MÄRZ

APRIL

MAI

JUNI

JULI

AUG.

SEPT.

DAUERBLÜHER

Mai – August

50 – 200 cm

Merkmale

Blütenreiche Wasserpflanze mit nierenförmigen, gelappten Blättern, die auf dem Wasser schwimmen, und haarfeinen untergetauchten Blättern; die Blüten ragen auf langen Blütenstielen über die Wasseroberfläche empor.

Vorkommen

Stehende oder nur träge fließende Gewässer, hauptsächlich nährstoffreiche, aber kalkarme Teiche.

Gewöhnlicher Wasserhahnenfuß
Ranunculus aquatilis

Viele Fischteiche und Dorfweiher tragen im Juni ein Kleid aus tausenden von Wasserhahnenfußblüten. Die zarten weißen Gebilde mit gelbem Punkt in der Mitte erheben sich aus dem Wasser und stehen straff aufrecht nebeneinander wie Soldaten. Hat ein Gewitter sie zerzaust, dauert es nur wenige Stunden, bis alle wieder senkrecht stehen. „Wassermanns Haar" heißt diese Schwimmpflanze häufig, wohl deshalb, weil sie unter Wasser tatsächlich haarförmige Blätter ausbildet. Auf der Wasseroberfläche dagegen besitzt sie kreis- bis nierenförmige Schwimmblätter. Diese Pflanze ist ein Beispiel dafür, wie formenreich sich Hahnenfußgewächse an verschiedene Standorte anpassen können.

MÄRZ
APRIL
MAI
JUNI
JULI
AUG.
SEPT.
DAUERBLÜHER

Zweigriffliger Weißdorn
Crataegus laevigata

Bisher wurden die verschiedenen Weißdorn-arten nach der Zahl der Griffel in den Blüten bestimmt. Man unterschied ein- und zwei-griffligen Weißdorn. Doch wer hundert Blü-ten auszählt, findet auch beim so genannten Zweigriffligen Weißdorn alle Varianten von ein bis vier Griffeln. Deshalb gilt heute das stumpfe, leicht klebrige Blatt als zuverlässi-geres Kennzeichen. Wer es ganz genau wis-sen will, der sieht auf die kleinen Kelchblätt-chen an der roten Frucht. Sind sie in der Form gleichseitig dreieckig, handelt es sich um *Crataegus laevigata*. Der Strauch ist für Heckenvögel und Insekten sehr wichtig, und auch für uns Menschen. Von ihm stammt ein hochwirksames Herzmittel.

Mai – Juni
2 – 10 m

Merkmale
Kugeliger Heckenstrauch; Blüten weiß, riechen unan-genehm; Rinde graugrün; Zweige mit etwa 2 cm lan-gen Dornen; Blätter oval mit stumpfen Lappen, unten etwas heller als oben; Früchte kugelig, dunkelrot, essbar.

Vorkommen
In Hecken und Gebüschen, auch an Wald- und Wegrän-dern; bis ins Mittelgebirge anzutreffen.

MÄRZ

APRIL

MAI

JUNI

JULI

AUG.

SEPT.

DAUERBLÜHER

Mai – Juli

5 – 20 cm

Merkmale
Einjährige, unscheinbare
Pflanze; Stängel dünn, zart,
nur im Blütenbereich ver-
zweigt; Blätter gegenständig, ca. 1 cm lang, schmal,
von einer Ader durchzogen;
Blüten aus 5 schmalen
weißen Kronblättern, in
lockerem Blütenstand.

Vorkommen
Häufig zusammen mit dem
Hufeisenklee in Trockenra-
sen, ungedüngten Wiesen,
Riedgrasbeständen und
Flachmooren.

Purgier-Lein
Linum catharticum

Er blüht unauffällig auf mageren Wiesen
oder auch am Straßenrand. Er ist klein von
Wuchs, aber groß in der Wirkung. Purgier-
Lein heißt diese Pflanze im Volksmund
schon viele Jahrhunderte. Und auch der
botanische Artname *catharticum* heißt nichts
anderes als abführen und rein machen. Der
Bitterstoff Linin ist einer seiner Wirkstoffe,
die heute noch in extremer Verdünnung in
der Homöopathie angewendet werden. Wer
die Pflanze kennen lernen möchte, sucht am
besten in der Nähe des auffälligen Hufeisen-
klees. Beide Pflanzen haben ähnliche Ansprüche wie lehmige Böden und trockenes,
warmes Klima. Der Purgier-Lein ist nahe
verwandt mit dem Saat-Lein.

MÄRZ

APRIL

MAI

JUNI

JULI

AUG.

SEPT.

DAUERBLÜHER

Echte Kamille
Matricaria recutita

Wer im Frühling nach Griechenland fährt und die Akropolis besucht, wird den Kamillenduft lange in Erinnerung behalten. Die Pflanze wächst dort so üppig, dass man wohl deshalb schon im Altertum auf sie aufmerksam wurde. Das ätherische Öl der Kamille enthält mehrere Komponenten. Heilsam ist vor allem das entzündungshemmende und krampflösende Azulen. Wohl kein Rezept hat dem Menschen bisher mehr geholfen als dieses: Man nehme einen gehäuften Teelöffel getrocknete Kamillenblüten und brühe mit einem Viertelliter kochendem Wasser auf. Das sicherste Erkennungszeichen der Pflanze? Der Kamillenduft. Die Acker-Hundskamille ist ähnlich, aber duftlos.

Mai – August

15 – 50 cm

Merkmale
Aromatisch duftende Pflanze; Blätter wechselständig, tief in zahlreiche schmale Abschnitte geteilt; Blütenkörbchen mit weißen Zungenblüten und gelben Röhrenblüten, die Zungenblüten sind gegen Ende der Blütezeit meist nach unten geschlagen.

Vorkommen
Bevorzugt an Ackerrändern, Weg- und Straßenrändern, auf Schuttplätzen; fehlt im sandigen Tiefland.

MÄRZ

APRIL

MAI

JUNI

JULI

AUG.

SEPT.

DAUERBLÜHER

Mai – Juli

30 – 80 cm

Merkmale
Ausdauernde Pflanze mit
üppigen Blütenständen;
Einzelblüten cremeweiß
oder rosa angehaucht,
meist aus 6 Kelch- und
6 Kronblättern; die Blätter
sind unpaarig gefiedert
und riechen beim Zerrei-
ben nach Orange.

Vorkommen
Wärmeliebend, gedeiht in
Wiesen, Heiden, Kalkma-
gerrasen, Gebüschsäumen;
häufig auch Gartenpflanze.

Kleines Mädesüß
Filipendula vulgaris

Wildschweine spüren im Wald mit ihrer feinen Nase selbst unterirdische Leckerbissen
auf. Die Wurzelknollen des Kleinen Mädesüß gehören dazu. Im Gegensatz zum feucht-
teliebenden Echten Mädesüß blüht diese
Pflanze in fast ganz Europa auf Trockenrasen und in Trockengebüschen. Dort sind die
Bedingungen ähnlich wie in lichten, trockenen Kiefernwäldern, wo sie auch vorkommt.
Die duftenden Blüten locken viele Bienen an.
Der melodisch klingende wissenschaftliche
Name *Filipendula* stammt vom lateinischen
filum für Faden und *pendulans* für hängend
und bezieht sich auf die knolligen Wurzel-
ableger, die an langen, dünnen Fasern
hängen.

MÄRZ

APRIL

MAI

JUNI

JULI

AUG.

SEPT.

DAUERBLÜHER

Frühblühende Margerite
Leucanthemum vulgare

Mit ihren strahligen Blüten gehören Marge-
riten zum schönsten Schmuck blühender
Wiesen. Weil sie um Johanni, den 24. Juni,
in voller Blüte stehen, spielen sie in vielen
Gegenden Mittel- und Süddeutschlands bei
volkstümlichen Sonnwendbräuchen eine
Rolle. „Sonnwendblume" oder „Sonnwend-
radl" werden sie deshalb oft auch genannt.
Die Pflanze wächst in Europa und einigen
Ländern Asiens von der Ebene bis hinauf in
Höhen von 2 000 Metern. Weil sie aber
wenig ertragreiches Futter liefert, wurde sie
von den Mähwiesen mehr und mehr verdrängt. Gartenformen, die bei uns seit Ende
des 18. Jahrhunderts gezogen werden, stammen meist aus Japan und China.

Mai – Juli
20 – 90 cm

Merkmale
Sieht aus wie ein großes
Gänseblümchen; Stängel
wenig verzweigt, etwas
behaart; Blätter lang,
schmal, gezähnt; Blüte aus
20–25 weißen Zungenblü-
ten und 400–500 gelben
Röhrenblüten.

Vorkommen
Gedeiht als Pionierpflanze
auf allen Böden, die nicht
zu nass und nährstoffarm
sind; in Wiesen, an neu
angelegten Wegen, grasi-
gen Böschungen.

MÄRZ

APRIL

MAI

JUNI

JULI

AUG.

SEPT.

DAUERBLÜHER

Mai – August

5 – 15 cm

Merkmale

Stängel kriechen am Boden und bewurzeln sich an den Knoten; an diesen Stellen entwickeln sich Blattbüschel und Blüten; Blätter seidig behaart, unterbrochen gefiedert, d. h. 7–12 größere Teilblättchen wechseln mit sehr kleinen Blättchen ab.

Vorkommen

Verbreitet an Wegrändern, Bahndämmen, auf Schuttplätzen; bevorzugt feuchte, stickstoffreiche Standorte.

Gänse-Fingerkraut
Potentilla anserina

Viele Jahrhunderte lang glaubte man, dass die meisten Fingerkräuter heilkräftige Eigenschaften haben. Die Arzneibotaniker des Mittelalters rühmten beispielsweise die schmerzstillende Wirkung des „Genserich" oder Gänse-Fingerkrauts. Auch der wissenschaftliche Name *Potentilla* vom lateinischen *potentia* (Macht) bezieht sich wohl auf diese Heilwirkung. Der Artname *anserina* vom lateinischen *anser* (Gans) verweist auf den Standort der Pflanze: Das Gänse-Fingerkraut wächst gerne dort, wo Gänse weiden. Noch heute gilt es, als Tee aufgebrüht oder nach Pfarrer Kneipp in Milch aufgekocht, als wertvolles krampfstillendes Mittel ohne Nebenwirkungen.

MÄRZ
APRIL
MAI
JUNI
JULI
AUG.
SEPT.
DAUERBLÜHER

Kriechender Hahnenfuß
Ranunculus repens

Der Name *Ranunculus* bedeutet Frosch. Er bezieht sich darauf, dass viele Vertreter dieser Gattung Pflanzen feuchter Biotope sind. Auch der Kriechende Hahnenfuß wächst überall in Europa an feuchten Orten. Besonders häufig findet man ihn in der Nähe von Silber-Weiden. Seine gelben Blüten glänzen sehr stark. Diesen Effekt erreicht die Pflanze durch den besonderen Bau der Blütenblätter. Deren Oberhaut ist durch Karotinoide gelb gefärbt. In die Schicht darunter sind lichtbrechende Stärkekörner eingelagert, die den Eindruck von Glanz erwecken. Die schalenförmigen Blüten bleiben bei Regen geöffnet. Sie fangen Regenwasser auf, in dem der Pollen zur Narbe schwimmen kann.

Mai – August
10 – 50 cm

Merkmale
Stängel mit zahlreichen Ausläufern, die sich in kurzen Abständen bewurzeln und Büschel grundständiger Blätter entwickeln; goldgelbe, glänzende Blüten auf langen gefurchten Stielen.

Vorkommen
Überall an feuchten Plätzen, auf Äckern, in Wiesen, Gärten, an Ufersäumen; kann schnell große Flächen überziehen und zur vorherrschenden Art werden.

MÄRZ

APRIL

MAI

JUNI

JULI

AUG.

SEPT.

DAUERBLÜHER

Mai – August
20 – 60 cm

Merkmale
Pflanze mit strahlenförmigen Blütenköpfen und zwei Arten von Blättern: Grundblätter, die eine Rosette bilden, daneben 1–3 Paare deutlich kleinerer, gegenständiger Stängelblätter; Stängel behaart; gelbe duftende Körbchenblüten.

Vorkommen
Im Rückgang; heute nur noch auf nährstoff- und kalkarmen Wiesen und Heiden des Berglandes zu finden.

Echte Arnika
Arnica montana

Eine Tinktur aus Arnikablüten war schon immer die beste Medizin bei Verstauchungen, Blutergüssen oder Stoßverletzungen. Sie bewirkt rasche Schmerzlinderung und beschleunigt die Heilung. Allerdings musste beim Sammeln sehr genau untersucht werden, ob der Blütenboden nicht von einer Bohrfliege befallen war. Denn die „Fleischeinlage" verursacht allergische Hautreaktionen. Für den „Wohlverleih", wie die Arnika auch genannt wird, besteht in Deutschland, Österreich und der Schweiz ein strenges Sammelverbot. Stark gefährdet ist die Pflanze nicht nur durch Kräutersammler. Auch viele mit dem Wind eingetragene Düngerstoffe haben sie von den Bergwiesen vertrieben.

114

MÄRZ

APRIL

MAI

JUNI

JULI

AUG.

SEPT.

DAUERBLÜHER

Strahlenlose Kamille
Matricaria discoidea

Wie fremde Pflanzen sich ausbreiten, lässt sich an dieser Kamillenart gut verfolgen. Ihre Heimat sind Nordamerika und das nordöstliche Asien. Dann pflanzte man sie in den botanischen Garten Berlins. Ab 1852 bemerkten Botaniker, dass die Strahlenlose Kamille aus dem Garten ausbrach und sich sehr schnell ausbreitete. Vermutlich haben Besucher die Samen in Kleidern und Schuhen verschleppt. Die neuen Vorkommen lagen gehäuft an Straßenrändern und Bahndämmen. „Bahnhofskamille" wird sie deshalb auch genannt. Diese Art duftet angenehm nach Kamille. Aber als Heilpflanze ist sie nicht zu verwenden. In ihrem ätherischen Öl fehlt der heilsame Stoff Azulen.

Juni – August

5 – 40 cm

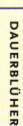

Merkmale
Kamille mit typischem Duft und grüngelben, hoch gewölbten Blütenköpfen; Stängel kahl, verzweigt; Blätter graugrün, stark zerteilt; Blüten ohne weiße Zungenblüten, mit einem Ring grüner Hüllblätter mit weißen Spitzen.

Vorkommen
Häufig, wächst überall in der Nähe menschlicher Siedlungen, an Wegrändern, auf unbefestigten Hofplätzen.

MÄRZ

APRIL

MAI

JUNI

JULI

AUG.

SEPT.

DAUERBLÜHER

Mai – Juni
15 – 50 cm

Merkmale
Typische kugelige Blüte:
10–15 Blütenblätter neigen
sich zu einer Kugel zusammen und verschließen die
Blüte bis auf eine kleine
Öffnung; Stängel aufrecht
und leicht gebogen, unverzweigt; Blätter handförmig
geteilt.

Vorkommen
Nur noch in den Alpen in
größeren Beständen auf
feuchten, moorigen Wie-
sen; zunehmend gefährdet,
steht unter Naturschutz.

Europäische Trollblume
Trollius europaeus

Wie kompliziert manchmal die Bestäubung
geregelt ist, zeigt das Beispiel der Trollblume. Sie ist inkompatibel, das bedeutet, sie
kann sich nicht selbst bestäuben. Das ist
Aufgabe einer hoch spezialisierten Fliege,
die gerade so groß ist, dass sie in die Blüte
gelangt. Dort sucht das Fliegenweibchen
nach einem geeigneten Eiablageplatz und
findet ihn in der Narbe. Die Larven bohren
sich in den Fruchtknoten ein und ernähren
sich von den Samenanlagen. Diese entwickeln sich jedoch nur, weil die Pflanze vorher durch die Mutterfliege bestäubt wurde.
Sinnvollerweise ist der Schaden durch die
Larven so gering, dass auch befallene Fruchtknoten noch vollwertige Samen bilden.

Gewöhnlicher Wiesen-Bocksbart
Tragopogon pratensis

„Go to bed at noon" nennt man den Wiesen-Bocksbart in England, weil sich seine großen gelben Blüten bei schönem Wetter sehr früh am Morgen öffnen und bereits um die Mittagszeit wieder schließen. „Vormiddagsblome" heißt er deshalb auch bei Osnabrück. Seine übrigen volkstümlichen Namen wie „Süßling" oder „Süßstängel" stammen von seiner Beliebtheit als Naschpflanze. Als Kinder lutschten wir im Juni den süßen Milchsaft aus den Stängeln. Auch die braune Pfahlwurzel wurde früher verwendet. Als Gemüse gedünstet schmeckt sie ähnlich köstlich wie die nahe verwandte Schwarzwurzel. Abgeblüht wird der Wiesen-Bocksbart zur Pusteblume.

Mai – Juli

30 – 70 cm

Merkmale
Sieht abgeblüht wie eine besonders große Pusteblume aus; zahlreiche lange, schmale, bläulich grüne, grasartige Blätter umfassen den Stängel; Blütenköpfe entwickeln sich einzeln an den Enden der Stängel; braune Pfahlwurzel, enthält viel Milchsaft.

Vorkommen
Vor allem in gut gedüngten Wiesen und an Wegrändern; bis in Höhen von 2000 m.

MÄRZ

APRIL

MAI

JUNI

JULI

AUG.

SEPT.

DAUERBLÜHER

Mai – September

30 – 100 cm

Merkmale
Wiesenpflanze mit Milch-
saft; Stängel gefurcht; Blätter wie Löwenzahnblätter
gebuchtet und spitz ge-
zähnt; goldgelbes Blüten-
körbchen, 3–4 cm groß,
besteht nur aus Zungenblüten; Fruchtstand eine graue
haarige Kugel.

Vorkommen
Sehr häufig auf gedüngten
Wiesen und Weiden, an
Weg- und Ackerrändern der
Ebenen und mittleren
Gebirgslagen.

Wiesen-Pippau
Crepis biennis

Dieses hoch wachsende Wiesenunkraut ist
bei Landwirten wenig beliebt. „Wasenfres-
ser", Wiesenfresser, heißt es verbreitet auf
dem Land, weil es besseren Futterpflanzen
den Platz wegnimmt. Lediglich seine Samen
werden als Futter für Kanarienvögel geschätzt. In der freien Natur ernähren sie
Stieglitze. Die Gattung *Crepis* umfasst unge-
fähr 200 Arten, von denen etwa 30 bei uns
heimisch sind. Alle sehen sich sehr ähnlich
und lassen sich nur sehr schwer unterscheiden. Am sichersten ist noch diese Art zu
erkennen, die auf fetten Wiesen vorkommt.
Untersuchungen haben ergeben, dass ihre
Blüten von den Bienen, die sie bestäuben,
zweifarbig gesehen werden.

MÄRZ
APRIL
MAI
JUNI
JULI
AUG.
SEPT.
DAUERBLÜHER

Bärenschote
Astragalus glycyphyllos

Mit ihren unauffälligen Blüten wird die Bärenschote im Blättergewirr von Waldlichtungen häufig übersehen. Ihr Stängel kriecht über den Boden, richtet sich selten auf. Doch an jeder Stelle, an der ein Blatt entspringt, knickt er ab. Daraus ergibt sich ein zickzackförmiger Verlauf. Da die Pflanze besonders süß schmeckt, wie schon der Artname sagt (*glycyphyllos*, „Süßblatt"), fressen Tiere sie sehr gern. Ziegen, die mit den Blättern der Bärenschote gefüttert werden, sollen sogar mehr Milch geben. Die Gattung *Astragalus* umfasst 1600 Arten und ist damit eine der größten Gattungen im Pflanzenreich überhaupt. Mit Ausnahme Australiens ist sie weltweit verbreitet.

Mai – August
20 – 70 cm

Merkmale
Eher unauffällige Pflanze vieler Waldlichtungen; Stängel kantig, oft kriechend, manchmal aufgerichtet; Blätter unpaarig gefiedert, schmecken süßlich; Blüten gelbgrün, in Trauben; gebogene Samenhülse.

Vorkommen
Pionierpflanze; liebt sommerwarme, kalkhaltige, steinige Böden; in trockenen Laubwäldern, auf Waldlichtungen, an Waldwegen.

MÄRZ

APRIL

MAI

JUNI

JULI

AUG.

SEPT.

DAUERBLÜHER

Mai – Juni

15 – 50 cm

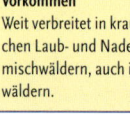

Merkmale

Gelb blühende Taubnessel;
Blätter gegenständig,
brennnesselartig, ohne
Brennhaare, Blattpaare
stehen im rechten Winkel
versetzt; in den Blattachseln Blüten in Quirlen von
meist 6 Einzelblüten, goldgelb, Unterlippe mit 3 spitzen, rot geäderten Lappen.

Vorkommen

Weit verbreitet in krautreichen Laub- und Nadel-
mischwäldern, auch in Au-
wäldern.

Echte Goldnessel
Lamium galeobdolon

Eine besondere Eigenschaft dieser Pflanze
sind ihre oberirdischen Ausläufer, die sich
an der Spitze bewurzeln können. Oft sind
diese Triebe meterlang und hängen in nährstoffreichen Wäldern der Mittelgebirge sogar
über Felsen herab, bis sie wieder Fuß fassen
und weiterwachsen. Mit dieser Eigenschaft
ist die Goldnessel ein ausgezeichneter
Bodendecker und wird in Garten- und Park-
anlagen oft auch so verwendet. Im Gegensatz zur Taubnessel weist die Blüte dieser Art
eine Besonderheit auf: Die Blütenoberlippe
ist bei beiden helmförmig, aber die Unterlippe der Goldnessel hat drei spitze, rot geäder-
te Lappen. Das deutet auf unterschiedliche
bestäubende Insekten hin.

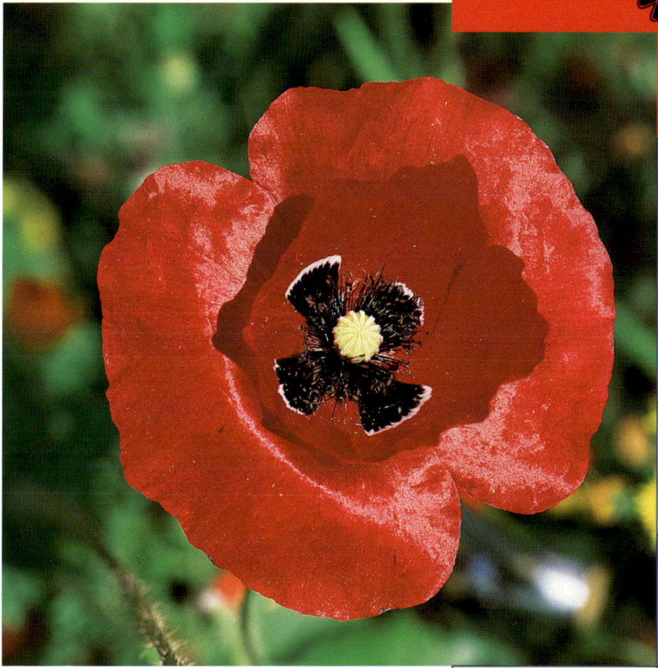

MÄRZ APRIL MAI JUNI JULI AUG. SEPT. DAUERBLÜHER

Klatsch-Mohn
Papaver rhoeas

Im Frühjahr überzieht er die weiten Ebenen Norditaliens mit seiner Farbenpracht. Die Wiesen dort tragen seine roten Tupfer, so weit das Auge reicht. Bei uns ist er ein Ackerunkraut, das lange mit chemischen Mitteln verdrängt wurde. Mit neuem Denken und besseren Bioziden kehrt der Klatsch-Mohn in die Felder zurück. Im Volksmund gibt es unzählige Bezeichnungen für ihn. Doch eine hat sich seit dem Mittelalter erhalten: In vielen Sprachen heißt die Blume heute auch „Kornrose". Woher der Name „Klatsch-Mohn" stammt, ist schwer zu erklären, wahrscheinlich von dem mittelalterlichen Wort „klitsch" für hellrot. Die Pflanze überwintert mit einer langen Pfahlwurzel.

Mai – Juli
20 – 90 cm

Merkmale
Pflanze mit weißem Milchsaft; Blätter tief gespalten; feuerrote Blüte mit schwarzen Flecken in der Mitte, zarte Blütenblätter, fallen meist schon einen Tag nach dem Aufblühen ab; eiförmige Fruchtkapsel.

Vorkommen
Früher hauptsächlich in Getreidefeldern; durch Herbizideinsatz dort vertrieben; heute an Straßen- und Wegrändern, auf Schuttplätzen.

MÄRZ

APRIL

MAI

JUNI

JULI

AUG.

SEPT.

DAUERBLÜHER

Mai – August

30 – 90 cm

Merkmale
Borstig behaarte Pflanze
mit kräftigem, hohlem
Stängel und langen, am
Stängel herablaufenden
Blättern; Blüten violett bis
gelbweiß, hängen glocken-
förmig, bilden einen
doldenähnlichen Blüten-
stand am Stängelende.

Vorkommen
Verbreitet an feuchten
Standorten vor allem tiefe-
rer Lagen; in Sumpfwiesen,
an Seeufern, Wegrändern
und Gräben.

Gewöhnlicher Beinwell
Symphytum officinale

Mit dem Begriff *Symphytum* bezeichnete
man im Altertum mehrere Pflanzen, die bei
Knochenbrüchen verwendet wurden. Darin
steckt das altgriechische Wort für zusam-
menwachsen. Auch die deutschen Namen
„Beinwell" oder „Wallwurz" bedeuten nichts
anderes als „Beine heilen". Heutige Untersuchungen bestätigen die altbekannten Anwendungen. Die Inhaltsstoffe regen tatsächlich die Gewebebildung an. Die kräftigen
Pflanzen bilden auf lehmigen Böden große
Horste und sind oft in den Straßengräben
neben der Landstraße zu sehen. Die Blütenfarbe kann zwischen mattweiß und dunkel
rotviolett schwanken, ist auf einer Pflanze
aber stets gleich.

MÄRZ

APRIL

MAI

JUNI

JULI

AUG.

SEPT.

DAUERBLÜHER

Hunds-Rose
Rosa canina

Es war der polnische Biochemiker Casimir Funk, der 1912 den Begriff „Vitamine" prägte. Diese lebenswichtigen Stoffe gibt es nur in winzigen Mengen in tierischen und pflanzlichen Organismen. Die meisten Vitamine müssen wir mit der Nahrung zu uns nehmen. Schon immer war die Heckenrose einer der wichtigsten Vitamin-C-Spender. Ihre Hagebutten liefern Sirup mit vielen Inhaltsstoffen für den Aufbau von Knochen und Zähnen. Die Bezeichnung „Hunds-Rose" ist eine falsche Übersetzung des englischen „dogrose". Der Name leitet sich eigentlich von dem angelsächsischen Wort *dagge* für Dolch ab. Aus dem harten Holz dieser Rosenart fertigte man Dolchgriffe.

Mai – Juli

1 – 3 m

Merkmale
Unverwechselbarer Strauch mit leuchtenden hellrosa Blüten; Blätter unpaarig gefiedert, Teilblättchen eiförmig, zugespitzt; alle Zweige mit sichelförmig gekrümmten Stacheln; Früchte hellorange bis rot, glatt, eiförmig, 2 cm lang, bekannt als Hagebutten.

Vorkommen
Hecken, Gebüsche, auch Waldränder; braucht tiefen, nährstoffreichen Boden.

MÄRZ

APRIL

MAI

JUNI

JULI

AUG.

SEPT.

DAUERBLÜHER

Juni – September

50 – 200 cm

Merkmale

Stängel reich bedornt und bis unter die Blüten beblättert; die Blätter laufen am Stängel herab, sie sind tief in schmale dornige Lappen geteilt; Blütenkörbchen auf kurzem Stiel dicht gedrängt an der Stängelspitze, purpurrot, bestehen nur aus Röhrenblüten.

Vorkommen

Häufig in feuchten Wäldern, auf nassen Kahlschlägen; von der Ebene bis ins Gebirge verbreitet.

Sumpf-Kratzdistel
Cirsium palustre

Die meisten wild wachsenden Disteln gehören zu den Gattungen Kratzdistel (*Cirsium*) und Distel (*Carduus*). Sie sind in großer Zahl in der heimischen Flora zu finden. Oft sind es stachelige Feldpflanzen mit rotvioletten Blüten. Die Sumpf-Kratzdistel hat sich auf andere Lebensbedingungen spezialisiert. Sie wächst in feuchten Wäldern, auf nassen Wiesen, in Mooren und an Gewässern. „Heuvater" heißt sie in Böhmen, weil sie nicht selten zwei Meter hoch wächst und die anderen Wiesenpflanzen überragt, „Poggendissel" in Schleswig-Holstein. Das heißt „Froschdistel" und deutet auf den Standort hin. In ihren Blütenköpfen entwickelt sich eine komplizierte Insektengemeinschaft.

Mittlerer Wegerich
Plantago media

Wegericharten sind Charakterpflanzen grasi-
ger Plätze und wenig benutzter Wege. Der
Mittlere Wegerich gedeiht vor allem auf
magerem Weideland und trockenen Wiesen.
Mit seinen festen Blättern und harten Stängeln hält er Tritte von Huftieren leicht aus
und wird deshalb auch als Trittpflanze bezeichnet. Seit Jahrtausenden wird er gegen
die verschiedensten Krankheiten angewendet. Schon im alten China behandelte man
damit Tuberkulose. Und Alexander der Große nahm ihn gegen seine rasenden Kopfschmerzen. Die weißen Einwanderer brachten ihn nach Nordamerika. Weil er überall
auf den Spuren der Siedler wuchs, nannten
die Indianer ihn „white man's foot".

Mai – Juli
10 – 40 cm

Merkmale
Robuste Trittpflanze; Blätter graugrün, behaart, von
gut sichtbaren Längsadern
durchzogen, in flacher
Rosette knapp über dem
Boden; walzenförmige
Blütenähre, deutlich kürzer
als der Stängel; kleine duftende Blüten mit lilafarbe-
nen Staubfäden.

Vorkommen
Bildet kleine Bestände auf
trockenen, kalkreichen
Böden von Magerwiesen,
Weiden, Wegrändern.

MÄRZ

APRIL

MAI

JUNI

JULI

AUG.

SEPT.

DAUERBLÜHER

Mai – August
20 – 40 cm

Merkmale
Stängel kantig, behaart,
dicht beblättert; Blätter
wechselständig, lang
gestreckt und schmal,
ebenfalls behaart; himmelblaue Blüten in traubenarti-
gen Blütenständen.

Vorkommen
Überall an feuchten Standorten; liebt stickstoffhaltige, lehmige oder schlammige Böden; besiedelt
Sümpfe, nasse Wiesen,
Bachufer und Gräben.

Sumpf-Vergissmeinnicht
Myosotis palustris

In Mitteleuropa gibt es viele Vergissmeinnichtarten, die alle sehr ähnlich sind. Ein
wichtiges Erkennungszeichen für das
Sumpf-Vergissmeinnicht sind die am Blütenkelch anliegenden Haare. Bei anderen
Arten stehen sie häufig sperrig ab. Diese
Pflanze ist in ganz Europa häufig und wächst
überall an feuchten Stellen, sogar noch in
2000 Meter hoch gelegenen Quellsümpfen.
Die blauen Blüten sind raffinierte Konstruk-
tionen, die Gelegenheitsbesucher aussper-
ren, langrüsselige Insekten aber mit auffälligen Staubbeutelattrappen anlocken. Dabei
sind die Pollenkörner die kleinsten der
mitteleuropäischen Flora. Sie messen gerade
einmal 0,003 Millimeter im Durchmesser.

MÄRZ
APRIL
MAI
JUNI
JULI
AUG.
SEPT.
DAUERBLÜHER

Wiesen-Glockenblume
Campanula patula

Kurzwüchsig müssen die Wiesen sein, auf denen die Wiesen-Glockenblume wächst. Vorzugsweise in Süddeutschland und Österreich blüht sie reichlich und für Bienen ist sie eine viel gesuchte Nektarquelle. Die Glockenblume lockt ihre dienstbaren Insekten weniger mit einer weithin leuchtenden Blüte, sondern mit intensivem Duft. Versuche haben ergeben, dass Bienen sich Düfte merken, die sie mit den beiden Antennen am Kopf wahrnehmen. So wie wir mit unseren beiden Augen räumlich sehen, können Bienen räumlich riechen. Sie schnuppern sich praktisch von Glockenblüte zu Glockenblüte. Da die Pflanze in der Heilkunde nie eine Rolle spielte, gibt es auch kaum alte Namen.

Mai – Juli
20 – 60 cm

Merkmale
Zarte Wiesenblume; Stängelblätter wechselständig, lang gestreckt, schmal; Blüten blauviolett, glockenförmig, bis zur Mitte gespalten, die einzelnen Blütenzipfel sternförmig nach außen gebogen.

Vorkommen
Wiesen- und Wegränder, bevorzugt an feuchteren, nährstoffreichen Standorten; in fast ganz Europa häufig.

MÄRZ

APRIL

MAI

JUNI

JULI

AUG.

SEPT.

DAUERBLÜHER

Mai – September
10 – 60 cm

Merkmale
Sieht aus wie eine große
Kornblume; Stängel dicht
behaart; Blätter wechsel-
ständig, lang und schmal,
oft am Rand gewellt; Blü-
tenkörbchen aus großen,
kornblumenblauen, tief in 5
Zipfel geteilten Randblüten
und kleinen roten Innen-
blüten.

Vorkommen
In Bergwäldern Mittel- und
Südeuropas bis in Höhen
von 2000 m auf feuchten,
kalkhaltigen Böden.

Berg-Flockenblume
Centaurea montana

Wegen ihrer blauen Randblüten ist diese Art
oft mit der Kornblume verglichen worden.
Im Mittelalter hieß sie auch „Bergkornblu-
me". Die Berg-Flockenblume ist auf den
feuchten Kalkböden der mittel- und südeuro-
päischen Gebirge eine häufige Bergwald-
pflanze. In den Alpen steht sie meist zwischen
1000 und 1800 Metern. Für die Klima-
bedingungen in dieser Höhe hat sie dicht
weißfilzig behaarte Blätter und Stängel.
Auch in den Karpaten und im Kaukasus
kommt sie vor. Oft wächst sie vergesellschaf-
tet mit Trollblume, Eisenhut und Türken-
bund. Wegen ihrer schönen und auffälligen
Blütenköpfe wird sie schon seit dem 16. Jahrhundert als Gartenpflanze gezüchtet.

Acker-Rittersporn
Consolida regalis

„Hafergift" nannte man lange den wunderschönen Acker-Rittersporn, weil alle seine Pflanzenteile giftige Alkaloide enthalten. Heute bekämpft man ihn deshalb mit Herbiziden, und so ist die häufige Ackerpflanze stark im Rückgang. Als Garten-Rittersporn kam eine Zierpflanze aus dem Mittelmeergebiet in unsere Gärten, die dem Acker-Rittersporn sehr ähnlich sieht. Ihren Namen trägt sie, weil ihre Blüten an die Sporen eines mittelalterlichen Ritters erinnern. Ihre jungen Blüten enthalten noch keine Giftstoffe und werden zum Schönen von Tees verwendet. Häufig färbt man auch Wolle damit. Der blaue Blütenfarbstoff ist das Anthocyan Delphinidin.

Mai – August
15 – 40 cm

Merkmale
Stängel stark verzweigt; Blätter wechselständig, fein zerteilt in schmale Zipfel; Blüten mit einem 3–4 cm langen, blauvioletten, nach hinten gebogenen Sporn.

Vorkommen
Früher verbreitetes „Unkraut" in Getreidefeldern, heute durch Herbizideinsatz dort zurückgedrängt; stattdessen an Wegrändern, auf Schuttplätzen.

MÄRZ

APRIL

MAI

JUNI

JULI

AUG.

SEPT.

DAUERBLÜHER

Mai – Juli

10 – 30 cm

Merkmale
Bodennahe Pflanze mit
langen oberirdischen Aus-
läufern, die sich wieder
bewurzeln; grundständige
Blattrosette und gegenständige Stängelblätter; Stängel
4-kantig; kräftig blaue Blüten in den Achseln der
Stängelblätter, ährenähn-
licher Blütenstand.

Vorkommen
Vom Tiefland bis in
Gebirgslagen häufig auf
Wiesen und Weiden mit
nährstoffreichen Böden.

Kriechender Günsel
Ajuga reptans

Flach wurzeln, mit oberirdischen Ausläufern
neue Standorte erobern und mit blauen Lippenblüten Hummeln anlocken – das charak-
terisiert die ökologische Nische des Kriechenden Günsels, eine Strategie, die sich
schon seit etwa 3,5 Millionen Jahren bewährt.
Der Günsel ist in ganz Europa auf nährstoffreichen Lehm- und Tonböden anzutreffen.
Während die alten Ausläufer im Winter oft
absterben, entstehen im Frühling an deren
Bewurzelungsstellen neue Rosetten und später ein kerzenartiger Blütenstand. Das Wort
„Günsel" ist eine Eindeutschung des lateinischen *consolidare* für „wiederherstellen" und
bezieht sich auf die wundheilende Wirkung
von Günselblättern.

Wiesen-Salbei
Salvia pratensis

Ein bisschen riecht es nach Rauch, wenn
man im Juni auf den warmen Trockenrasen
der Fränkischen Schweiz seine Nase an den
Wiesen-Salbei hält. Dort steht diese Pflanze
sogar am Straßenrand. Sie braucht kalkhaltige Böden, wie sie auch auf der Schwäbischen
Alb, in Österreich oder Jugoslawien vorkommen. Und sie liebt Wärme und Licht. Wird
sie von Gebüsch überwuchert und bekommt
nur noch 20 Prozent ihres Lichtbedarfs, wird
sie steril. Im Normalfall aber tupft sie Hummeln über einen Hebelmechanismus ihren
Pollen auf den Rücken. Das ist die einzige
Stelle, an der sich Hummeln nicht putzen
können, und so tragen sie ihn zur nächsten
Blüte weiter.

Juni – August
30 – 60 cm

Merkmale
In Horsten wachsende
Pflanze mit 4-kantigem,
behaartem Stängel; blau-
violette Blüten mit langer,
gebogener Oberlippe,
sehen aus wie ein geöffne-
ter Rachen, stehen in Stockwerken übereinander; run-
zelige, grob gekerbte Blätter bilden eine grundständige Rosette.

Vorkommen
Häufig auf trockenen, war-
men Magerwiesen der
Mittelgebirge.

MÄRZ

APRIL

MAI

JUNI

JULI

AUG.

SEPT.

DAUERBLÜHER

Juni – Juli

50 – 100 cm

Merkmale
Lange schwertförmige
Blätter mit etwas vorste-
hender Mittelrippe, am
Rand gewellt, ähnlich
denen der Iris; Stängel 3-
kantig; schräg abstehender,
kolbenartiger Blütenstand
aus kleinen grünen Einzelblüten.

Vorkommen
Heimat Südostasiens; heute
in ganz Europa verbreitet in
warmen, nährstoffreichen
stehenden Gewässern.

Kalmus
Acorus calamus

Er steht überall im Sumpf von Teichen und
am Ufer langsam fließender Flüsse. Dieses
Aronstabgewächs wurde einst von den Mon-
golen verbreitet. Überall wo sie auf ihren
weiten Eroberungszügen Halt machten,
pflanzten sie den Kalmus an die Wasserstel-
len, „weil er das Wasser reinige". Im 13. Jahrhundert brachten die Tataren die Pflanze
nach Osteuropa, von wo sie sich später über
den ganzen Kontinent ausbreitete. In Frankreich nennt man sie „roseau aromatique", da
sie einen unvergleichlichen Duft verströmt.
Dieses Aroma wird heute noch in Limona-
den und als „deutscher Ingwer" in manchen
Likören verwendet. Es heißt, der Kalmus
hilft bald vielleicht auch bei Krebsleiden.

Sommer-Linde
Tilia platyphyllos

Lindenblüten verströmen einen herrlichen
Duft, sind reich an Nektar und werden
tagaus, tagein von Tausenden von Insekten
besucht. Die Fruchtstände lösen sich im
Herbst zusammen mit ihren flügelartigen
Hochblättern vom Zweig und lassen sich
vom Wind davontragen. Die Gattung *Tilia*
umfasst etwa 30 Arten. Die meisten sind in
Ostasien beheimatet. Drei oder vier Arten
wachsen in Europa. In Deutschland gibt es
keine reinen Lindenwälder wie beispielsweise in Russland oder Polen. Einzelbäume
oder kleine Gruppen kann man dagegen
überall in Laubmischwäldern finden. Häufig
wird dieser schöne Baum, der über tausend
Jahre alt werden kann, auch angepflanzt.

Juni – Juli
25 – 40 m

Merkmale
Blätter schief herzförmig,
unterseits weiße Haarbü-
schel an den Blattnerven;
Blüten hellgrünlich, hängen
meist zu 3–5 in einem Blütenstand, Blütenstandstän-
gel mit Hochblatt; filzige
Kapselfrucht.

Vorkommen
Bergwälder in mittleren
Gebirgslagen; Standorte
ohne strenge Fröste, aber
mit hoher Luftfeuchte und
geringer Luftverschmut-
zung; auch Parkbaum.

MÄRZ

APRIL

MAI

JUNI

JULI

AUG.

SEPT.

DAUERBLÜHER

Juli

Im Juli ist die Blumenvielfalt am größten.
Jetzt blühen Wiesen
mit den unterschiedlichsten Arten. Jede
hat ihre besonderen
Ansprüche an die
Bodenfeuchte. Es gibt
Feuchtwiesenblumen
wie das Große Mädesüß oder ausgesprochene Liebhaber
trockener Böden wie
den Wachtelweizen.
Viele Wiesenblumen
gehören zu den
Doldenblütlern, die
nun ihre weißen
Blütenschirme
entfalten. Wiesen
waren die Apotheken früherer Zeiten.
Viele Heilkräuter werden auch heute noch
als Tee, Salat oder
Gemüse verwendet.
Leider sind viele unserer bunten Blumenwiesen zu reinen Grasweiden für die Tierzucht verkommen.
Der reichlich eingesetzte Dünger vertrieb
die unvergleichliche
Blütenvielfalt.

❀

MÄRZ

APRIL

MAI

JUNI

JULI

AUG.

SEPT.

DAUERBLÜHER

Juni – August

1 – 10 m

Merkmale

Linkswindender Kletterstrauch mit gefiederten Blättern, Teilblättchen bis 10 cm lang; Blüten rahmweiß, stehen in Gruppen in den Achseln der oberen Blätter oder am Ende der Stängel; Borke grau, schält sich in langen Streifen ab; Früchte kleine braune Nüsschen mit langen, weißen, zottigen Anhängen.

Vorkommen

Auwälder, Waldränder, Gebüsche; auf Kalkböden.

Gewöhnliche Waldrebe
Clematis vitalba

Als eine der wenigen Lianen Mitteleuropas windet sich die Gewöhnliche Waldrebe an Bäumen empor. Dieser Kletterstrauch aus der Familie der Hahnenfußgewächse klettert mit Hilfe seiner Blattstiele oft bis in die Baumkronen. Sein Stängel verholzt und kann armdick werden. Die Gewöhnliche Waldrebe hat viele Volksnamen. Die häufigsten sind „Hexenzwirn", „Waldstrick" oder „Teufelswinde". Wegen ihrer wolligen Fruchtschöpfe, die im Herbst oft ganze Büsche überziehen, heißt sie auch „Frauenhaar" oder „Herrgottsbart". Die Waldrebe ist über Mitteleuropa bis nach Kleinasien verbreitet. Oft wird sie auch zur Verkleidung von Mauern angepflanzt.

136

MÄRZ

APRIL

MAI

JUNI

JULI

AUG.

SEPT.

DAUERBLÜHER

Gewöhnlicher Froschlöffel
Alisma plantago-aquatica

Weil er Sumpfflächen besiedelt, aber auch
im Wasser leben kann, bezeichnet man den
Gewöhnlichen Froschlöffel als amphibische
Pflanze. Seine Blätter sind löffelförmig, sein
Blütenstand ist grazil und eindrucksvoll.
Die lang gestielten Blüten stehen in Quirlen
um den Stängel. Die zahlreichen weißen
bis zartrosa gefärbten Blüten öffnen sich erst
nachmittags und schließen sich noch vor
dem Abend wieder. Bestäuber sind kleine
Schwebfliegen, deren Larven sich ganz in
der Nähe im Wasser entwickeln. Die Früchte
sind in einem Ring angeordnet und fallen
ins Wasser. Dort sind sie über ein Jahr
schwimmfähig. Sobald ein Teich trockenfällt,
keimen sie aus.

Juni – August

20 – 100 cm

Merkmale
Wasserpflanze mit pyrami-
denförmigem Blütenstand;
lang gestielte, löffelförmige
Blätter, die aus dem Wasser
ragen, und schmale, band-
artige untergetauchte Blätter; Blütenstängel blattlos;
lang gestielte Blüten mit 3
Kronblättern, weiß oder
blasslila.

Vorkommen
Auf schlammigen Böden
an den Ufern stehender
oder langsam fließender
Gewässer.

MÄRZ

APRIL

MAI

JUNI

JULI

AUG.

SEPT.

DAUERBLÜHER

Juni – August
30 – 150 cm

Merkmale
Schlaffer, 4-kantiger Stängel, der sich mit rückwärts gerichteten Borsten an Stängeln und Blättern anderer Pflanzen festheftet; die schmalen Blätter, zu 6–8 in Quirlen angeordnet, tragen ebenfalls solche Borsten; sternförmige Blüten.

Vorkommen
Äcker, Wegränder, Schuttplätze mit nährstoffreichen Böden.

Kletten-Labkraut
Galium aparine

Schon jeder Spaziergänger hat für die Ausbreitung des Kletten-Labkrautes gesorgt. Es wächst überall an Ackerrändern, Straßenböschungen, am Heckensaum oder unter dem Zaun. Sein vierkantiger Stängel trägt an den Kanten rückwärts gerichtete steife Haare, die man deutlich fühlen kann. Wenn die Pflanze durch das Dickicht wächst, verspreizt sie sich damit in anderen. Überhaupt ist die ganze Pflanze wie eine einzige Klette. Ihr oberstes Ziel ist es, die vielen kleinen Früchte, die ebenfalls von hakigen Borsten bedeckt sind, von Tieren im Fell verbreiten zu lassen. Und manchmal sind „das Tier" eben wir. Die kleinen Nüsschen sind kaum aus der Kleidung zu entfernen.

MÄRZ

APRIL

MAI

JUNI

JULI

AUG.

SEPT.

DAUERBLÜHER

Gewöhnliches Pfeilkraut
Sagittaria sagittifolia

Ein Kenner des Gewöhnlichen Pfeilkrautes kann sich in einem Sumpfgebiet kaum verlaufen, denn diese Pflanze zeigt ihm stets die Himmelsrichtung an. Ihre beiden Blattzipfel zeigen meistens nach Norden. Nach diesen pfeilförmigen Blättern trägt sie auch ihren Namen, denn *sagittarius* heißt pfeilförmig. Man muss allerdings genau hinschauen, denn das Pfeilkraut kann drei verschiedene Blätter bilden. Wächst es im Teich, hat es rundliche Schwimmblätter auf der Wasseroberfläche. Die untergetauchten Blätter sind bandförmig. Wächst es jedoch an Land oder weitgehend trocken, werden die Blätter pfeilförmig. Die weißen Blüten mit dem purpurroten Saftmal überragen diese Blätter kaum.

Juni – August
20 – 100 cm

Merkmale
Sumpfpflanze mit 3 unterschiedlichen Blattformen: lang gestielten, pfeilförmigen Luftblättern, etwa kreisförmigen Schwimmblättern und bandförmigen Unterwasserblättern; Blattstiel und Blütenschaft 3-kantig; eingeschlechtliche Blüten in Dreiergruppen am Stängelende.

Vorkommen
Verbreitet in stehenden oder langsam fließenden Gewässern.

MÄRZ

APRIL

MAI

JUNI

JULI

AUG.

SEPT.

DAUERBLÜHER

Juni – September

40 – 120 cm

Merkmale
Ausdauernde, äußerlich
dem Waldmeister sehr
ähnliche Pflanze, duftet
aber nicht; Stängel auf-
recht, rund, verzweigt;
Blätter zu 6–8 in Quirlen,
unten dunkelgrün; kleine
Blüten auf sehr dünnen
Blütenstielen bilden einen
lockeren, rispenartigen
Blütenstand.

Vorkommen
Auf nährstoffreichen Böden
krautreicher Laubwälder,
wärme- und kalkliebend.

Wald-Labkraut
Galium sylvaticum

Besonders in Eichenwäldern, aber auch in
feuchten Buchenwäldern Mitteleuropas
wächst das Wald-Labkraut, in der Tiefebene
ebenso wie in mittleren Gebirgslagen. Auf
den ersten Blick glaubt man, vor dem Waldmeister zu stehen. Doch der blüht im Mai
und duftet intensiv. Dem Wald-Labkraut
fehlt der Duft. Ein deutliches Kennzeichen
für diese Pflanze sind auch die lockeren Blütenstände, die die Blätter weit überragen.
Obwohl die Pflanze über einen Meter hoch
werden kann, wirkt sie sehr zierlich und zerbrechlich. Sie ist sehr häufig und sogar eine
Charakterart des „Wald-Labkraut-Eichen-
Hainbuchenwaldes", wie Botaniker diese
Lebensgemeinschaft bezeichnen.

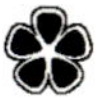

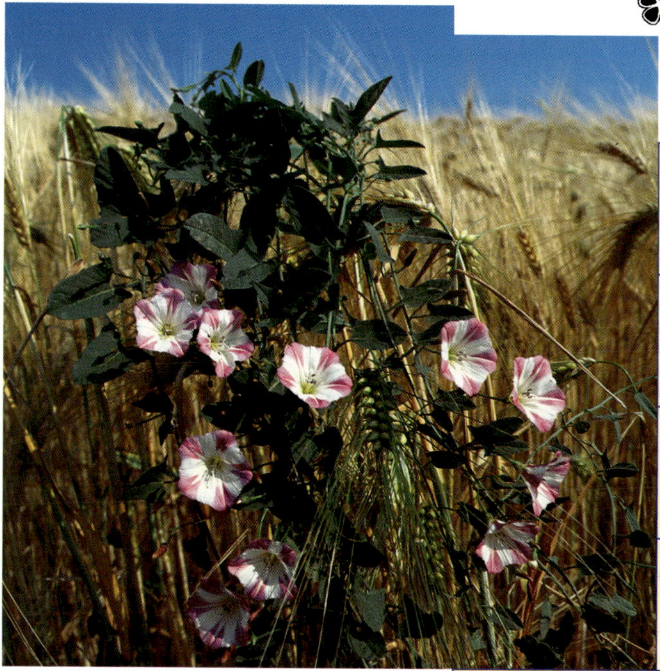

MÄRZ APRIL MAI JUNI JULI AUG. SEPT. DAUERBLÜHER

Acker-Winde
Convolvulus arvensis

Wegränder sind meistens trocken und sandig. Das sind genau die richtigen Bedingungen für die Acker-Winde. Dort winden sich ihre Stängel gegen den Uhrzeigersinn um andere Pflanzen und klettern dabei immer höher. Im Juli setzt sie tausendfach ihre Blütenkelche an die Weg- und Straßenränder, viele Wochen lang. Doch täglich sind es neue Blüten, die an den Stängeln aufblühen. Eine Blüte blüht nur einen Tag. Für den Gärtner und Bauern kann die Acker-Winde sehr lästig sein, denn sie ist nicht auszurotten. Ihr kriechender Wurzelstock ist so ausgedehnt, dass es unmöglich ist, ihn auszureißen. Ein kleines Stück bleibt immer übrig und treibt bald wieder neu aus.

Mai – September
20 – 90 cm

Merkmale
Stängel kriecht am Boden oder windet sich an anderen Pflanzen empor; Blätter pfeilförmig, wechselständig; lang gestielte, trichterförmige, weiße oder rosarote Blüten in den Achseln der oberen Blätter.

Vorkommen
Häufiger Kulturbegleiter auf nährstoffreichen Acker- und Gartenböden, auch an Wegrändern, Bahndämmen und Schuttstellen.

MÄRZ

APRIL

MAI

JUNI

JULI

AUG.

SEPT.

DAUERBLÜHER

Juni – August

50 – 200 cm

Merkmale

Hochgiftig; ganze Pflanze
riecht unangenehm nach
Mäuseharn; Stängel glän-
zend, fein gerillt, blau
bereift, unten mit rotbraunen Flecken; Blätter dunkelgrün, weich und schlaff,
fein zerteilt; Blütendolden
weiß; 3 mm dicke, eiförmige Frucht.

Vorkommen

Fast überall in Europa an
Dorfrändern, in der Umge-
bung alter Häuser, an Straßen und Gräben.

Gefleckter Schierling
Conium maculatum

Den Gefleckten Schierling muss man
einfach kennen, weil er so gefährlich ist.
Sein Hauptgift, das Coniin, ist in allen Teilen
vorhanden, vor allem aber in den Samen. Es
lähmt sofort das Atemzentrum. Wenn man
den stark giftigen Schierling in Dörfern, entlang von Wegen oder typischerweise auch
um alte Burgen trifft, macht er glücklicher-
weise sofort auf sich aufmerksam. Seine
Inhaltsstoffe riechen sehr unangenehm nach
Mäuseharn. Auch der bläulich bereifte Stängel weist noch ein wichtiges Kennzeichen
auf. Er ist im unteren Bereich rot gefleckt.
399 v. Chr. musste der griechische Philosoph
Sokrates einen Becher mit dem Saft dieser
Pflanze trinken.

Gewöhnlicher Giersch
Aegopodium podagraria

Schon einer der ersten Kräuterbuchschreiber, John Gerard, schrieb 1597: „Geißfuß wächst von ganz alleine im Garten, ohne dass man ihn anzupflanzen oder auszusäen braucht. Er ist so vital, dass er, einmal da, nicht wieder wegzukriegen ist." Damit hat der Pflanzenkundige die Durchsetzungskraft des Gewöhnlichen Giersch treffend beschrieben. Je mehr man jätet, umso dichter wird der Pflanzenteppich. So bleibt einem nichts anderes übrig, als den Giersch zur Lieblingspflanze zu erklären. Schließlich beschattet er den Boden und hält ihn feucht. Die noch gefalteten, zarten Triebe ergeben zusammen mit Löwenzahn, Gänseblümchenblüten und Sauerampfer einen köstlichen Salat.

Mai – Juli
30 – 90 cm

Merkmale
Stängel aufrecht, hohl, kantig gefurcht, oben verzweigt; Blätter blaugrün, meist 3-zählig gefiedert, einzelne Teilblättchen eiförmig-spitz; Blüten weiß, in flachen Dolden; kümmelähnliche, 3 mm lange Frucht.

Vorkommen
Zeigt nährstoffreichen Untergrund an, liebt Halbschatten; wächst in Auwäldern, unter Hecken, auch in Gärten.

MÄRZ
APRIL
MAI
JUNI
JULI
AUG.
SEPT.
DAUERBLÜHER

Juni – August
50 – 200 cm

Merkmale
Große mehrjährige Staude;
Stängel kantig; Blätter
unpaarig gefiedert mit
großen und kleinen Teil-
blättchen, oben grün, unten
meist weißlich behaart;
Blütenrispen mit zahlrei-
chen kleinen, gelbweißen
Blüten, die süß nach Man-
deln duften.

Vorkommen
Feuchte Standorte, vor
allem Ufersäume von
Bächen und Gräben, auch
in feuchten Wäldern.

Echtes Mädesüß
Filipendula ulmaria

In seine Blüten muss man einfach die Nase
stecken. Sie duften angenehm nach Mandeln
und Vanille. Die nektarreichen Blüten tauch-
te man früher in Met, um diesem Getränk
das typische Aroma zu geben. Daher stammt
auch der deutsche Name, der sich vom skan-
dinavischen Wort *mjöd* für Met ableitet. Auch
eine englische Biersorte soll damit heute
noch geschönt werden. Das Echte Mädesüß
ist über ganz Nord- und Mitteleuropa verbreitet und bildet auf feuchten Wiesen große
Bestände. Immer begleitet es die Bäche der
Mittelgebirge und der Alpen. Im Juli duftet
das ganze Inntal nach dieser Pflanze. Ihre
Blüten und Blätter sind häufig auch in käuf-
lichen Grippetees enthalten.

MÄRZ · APRIL · MAI · JUNI · JULI · AUG. · SEPT. · DAUERBLÜHER

Taubenkropf-Leimkraut
Silene vulgaris

Aufgeblasen wie ein Taubenkropf sehen die Blüten dieses Leimkrauts aus. Dahinter steckt eine besondere Strategie der Pflanze. Ihren reichlichen Nektar hält sie so tief in der Blüte versteckt, dass nur langrüsselige Nachtfalter an ihn herankommen. Später wirkt die kugelige Blüte wie ein Windfang und die Samen werden herausgeschüttelt. Der aufgeblasene Blütenkelch erinnert an den Gott Silen mit seinem dicken Bauch. Vielleicht lässt sich der wissenschaftliche Name auf diese Weise erklären. Die Pflanze steht überall an Böschungen und auf Magerrasen. Sie bildet aber nie große Bestände, sondern wächst eher vereinzelt. Ihre Wurzeln reichen tief in den Boden.

Juni – August
20 – 50 cm

Merkmale
Mehrjährige Pflanze mit ganz typischen Blüten: die Kelchblätter sind zu einer aufgeblasenen, braun-rosa-farbenen Röhre vereinigt, aus der die weißen, tief eingeschnittenen Kronblätter herausragen; Blätter gegenständig, länglich ei-förmig.

Vorkommen
Häufig in trockenen Wiesen, Magerrasen, an Böschungen und Wegrändern, an Gebüschrändern.

145

MÄRZ

APRIL

MAI

JUNI

JULI

AUG.

SEPT.

DAUERBLÜHER

Juni – September
30 – 150 cm

Merkmale
Kräftige, auffallend große
Pflanze; Stängel aufrecht,
kantig gefurcht, mit steifen
Haaren besetzt; Blütendolde aus 15–30 Strahlen
zusammengesetzt; Blätter
bis 50 cm lang und tief
gelappt, Blattscheiden stark
aufgeblasen.

Vorkommen
In den meisten Landschaf-
ten das häufigste Dolden-
gewächs; gedeiht in Mas-
sen in gut gedüngten Wie-
sen und an Wegrändern.

Wiesen-Bärenklau
Heracleum sphondylium

Groß wie Bärentatzen stehen seine weißen
Dolden. Der Wiesen-Bärenklau gedeiht in
Massen auf gut gedüngten Wiesen. Junge
Blätter liefern ein gutes Viehfutter. Deswegen werden Bärenklauwiesen früh
gemäht. Die Pflanze treibt neu aus und
kommt dann besonders üppig zur Blüte. Sie
ist reich an ätherischen Ölen. Viele Menschen reagieren auf eine Berührung mit
Rötungen und unangenehmen Schwellun-
gen der Haut. Besondere Vorsicht ist bei
dem ähnlichen Riesen-Bärenklau (*Heracleum
mantegazzianum*) angebracht. Diese einstige
Gartenpflanze breitet sich überall aus und
wird über drei Meter hoch. Sie zu berühren
kann schlimme Verätzungen hervorrufen.

MÄRZ
APRIL
MAI
JUNI
JULI
AUG.
SEPT.
DAUERBLÜHER

Wilde Möhre
Daucus carota

Die vielen weiß blühenden Doldengewächse, die häufig auf Wiesen und an Feldwegen wachsen, sind nur sehr schwer zu unterscheiden. Die Wilde Möhre macht hier eine Ausnahme. Mitten in den weißen Blütenschirmen befindet sich eine schwarzrot gefärbte „Mohrenblüte". Das ist ein sicheres Kennzeichen. Die Wilde Möhre ist eine alte Kulturpflanze, die schon den Germanen bekannt war. Im Althochdeutschen nannte man eine essbare Wurzel *morha*. Diese Pflanze ist die Wildform unserer „Gelben Rübe", bei der durch Züchtung die Rübe besonders kräftig ausgebildet ist. Wertvoll ist diese besonders durch das Carotin, das sich im Körper in das Provitamin A umwandelt.

Mai – September
30 – 90 cm

Merkmale
Stängel aufrecht, gefurcht, borstig behaart; Blütendolde mit 15–30 Strahlen; in der Mitte des Blütenstandes liegt eine fast schwarz gefärbte „Mohrenblüte"; zur Zeit der Samenreife neigen sich die Strahlen der Blütendolde vogelnestartig nach innen.

Vorkommen
Wächst in vernachlässigten Wiesen und an anderen grasigen Plätzen, an Wegrändern und Feldrainen.

MÄRZ

APRIL

MAI

JUNI

JULI

AUG.

SEPT.

DAUERBLÜHER

Juni – September
50 – 300 cm

Merkmale
Mehrjährige Kletterpflanze
mit spiraligen Ranken und
zerbrechlichem Stängel;
Blätter wechselständig,
deutlich gelappt; männliche
und weibliche Blüten auf
verschiedenen Pflanzen
(zweihäusig); erbsengroße,
bei der Reife scharlachrote
Beerenfrüchte, giftig!

Vorkommen
In Gebüschen, an Zäunen
und Mauern auf nährstoff-
reichem, lehmigem Unter-
grund.

Zaunrübe
Bryonia cretica

Zur Blütezeit ist die zweihäusige Zaunrübe
wenig gefährlich. Aber wenn sie vier Wochen
später ihre roten Beeren trägt, ist sie für Kinder lebensbedrohlich. Schon 15 Beeren sollen tödlich sein. Die Zaunrübe ist leicht zu
erkennen. Sie ist eine Kletterstaude, die sich
in sonnigen Gebüschen und an Zäunen,
aber auch an Waldrändern und in Hecken
emporrankt. Dabei umwachsen die Ranken
die Zweige der Büsche. Auf die weißen Blüten hat sich eine im Sand lebende Biene spezialisiert, die von dieser Pflanze allein abhän-
gig ist. Die giftigen Beeren werden von
Vögeln gefressen, denen das Cucurbitacin
offensichtlich nicht schadet. Die kräftigen
Wurzeln dienten früher als Abführmittel.

MÄRZ

APRIL

MAI

JUNI

JULI

AUG.

SEPT.

DAUERBLÜHER

Weißer Germer
Veratrum album

Wo der Weiße Germer auf den Almwiesen steht, ist der Senn nicht gerade erfreut. Erfahrenes Großvieh meidet zwar diese hochgiftige Pflanze, doch Jungtiere gehen immer mal zugrunde. Verantwortlich dafür sind vor allem die Alkaloide Protoveratrin und Germerin. Auch im Namen „Germer" verbirgt sich die Giftwirkung der Pflanze. Er stammt vom althochdeutschen *hramse* für Marterwerkzeug. Dennoch wurde die Germerwurzel oft auch genutzt: In Pulverform als Niespulver oder im 16. Jahrhundert als sehr heftig wirkendes Abführmittel. Deswegen hieß sie auch Purgierwurzel. In Tirol wurde lange Zeit ein Sud der Pflanze zum Vertreiben von Läusen eingesetzt.

Juni – September
50 – 150 cm

Merkmale
Giftpflanze mit kräftigem, aufrechtem, flaumig behaartem Stängel; Blätter wechselständig, breitoval, mit deutlichen Längsstreifen, unten flaumig behaart; zahlreiche weißgrüne Blüten in Rispen.

Vorkommen
Bergwiesen mit kalkhaltigen, feuchten Böden; typische Pflanze der Alpen und Voralpen, in Höhenlagen von 500 bis 2500 m weit verbreitet.

MÄRZ

APRIL

MAI

JUNI

JULI

AUG.

SEPT.

DAUERBLÜHER

Mai – September
50 – 300 cm

Merkmale
Schwimmpflanze mit gro-
ßen weißen Blüten von ca.
12 cm Durchmesser, die
ebenso wie die Blätter auf
dem Wasser schwimmen;
Blätter herzförmig bis rund,
mit einer tiefen Einkerbung
am Stängelansatz, oben
grün, unten oft rötlich überlaufen; Blattstiele rund, bis
zu 3 m lang.

Vorkommen
Stehende oder langsam
fließende Gewässer, Fluss-
krümmungen.

Weiße Seerose
Nymphaea alba

Nicht tiefer als drei Meter darf ein Teich sein
und einen schlammigen Grund muss er
haben, dann siedelt sich die Weiße Seerose
an. Die geschützte Pflanze zeigt viele Anpassungen an das Wasserleben: eine fast arm-
dicke Speicherwurzel zum Überwintern,
elastische Blatt- und Blütenstiele für Wasser-
standsschwankungen und Schwimmblätter
mit einer Wasser abstoßenden Wachs-
schicht. Ihre sternförmigen Blüten sind die
größten in Mitteleuropa. Sie öffnen sich
frühmorgens und schließen sich gegen
16 Uhr nachmittags. Manchmal benutzen
Käfer, die als Bestäuber kamen, die Blüten
als Nachtquartier. Für den Gartenteich gibt
es im Handel Zuchtformen in vielen Farben.

MÄRZ

APRIL

MAI

JUNI

JULI

AUG.

SEPT.

DAUERBLÜHER

Gewöhnlicher Augentrost
Euphrasia officinalis

Wo der Augentrost wächst, wird der Weide-
ertrag schlecht. Diese Pflanze ist ein Halbschmarotzer. Mit ihren grünen Pflanzenteilen treibt sie zwar Photosynthese, gewinnt
also mit Hilfe von Licht aus Wasser und Kohlendioxid Zuckerverbindungen. Mit ihren
Saugwurzeln aber zapft sie Graswurzeln der
Umgebung an und entzieht ihnen Mineral-
salze. Die hübschen Blüten dieser niedrig
wachsenden Blume verbreiteten schon
immer „Frohsinn", denn das bedeutet das
griechische Wort *euphrasia*. Auch als Heilpflanze war und ist sie in der Volksheilkunde
ein Augentrost. Im abgekochten Sud befindet sich das Glykosid Aucubin, das bei Bin-
dehautentzündungen hilft.

Mai – Oktober

5 – 25 cm

Merkmale
Aufrechte, kräftige Pflanze
mit rötlichen Stängeln;
Blätter gegenständig, oval
bis fast rund, spitz gezähnt;
in den Achseln der oberen
Blätter kleine weiße oder
weißviolette, glockenförmige Rachenblüten, Blüten-
eingang mit gelbem Fleck.

Vorkommen
Halbschmarotzerpflanze
auf nährstoffarmen Wiesen,
besonders Bergwiesen, an
Wegrändern.

MÄRZ

APRIL

MAI

JUNI

JULI

AUG.

SEPT.

DAUERBLÜHER

Mai – Oktober
20 – 60 cm

Merkmale
Stängel und Blätter rau
behaart; untere Blätter
gestielt, obere sitzend;
schwefelgelbe Blüten mit
waagerecht abstehenden
Kelchblättern; Früchte sind
zylindrische Schoten mit
langer Schnabelspitze,
Samen rotbraun.

Vorkommen
Früher hartnäckiges Ackerunkraut auf kalk- und nährstoffreichen Böden, heute
vor allem auf Schuttplätzen
und an Wegrändern.

Acker-Senf
Sinapis arvensis

Besonders in Hackfruchtäckern ist der
Acker-Senf trotz aller modernen Bekämp-
fungsmethoden auch heute noch ein häufiges Unkraut und in den gemäßigten Zonen
weltweit verbreitet. Woran liegt das? Es sind
wohl zwei Dinge, denen diese Pflanze ihren
Erfolg verdankt. Zum einen ist es die enor-
me Samenproduktion. Eine einzige Pflanze
soll 25000 Samen erzeugen können. Und
zum anderen behalten diese Samen etwa 25
bis 30 Jahre ihre Keimfähigkeit. So lange
können sie im Boden ruhen und auf ihre
Chance warten. Auch Umpflügen oder gele-
gentliches Trockenfallen schaden ihnen
nicht. Ein naher Verwandter des Acker-
Senfs wird in vielen Ländern kultiviert.

MÄRZ
APRIL
MAI
JUNI
JULI
AUG.
SEPT.
DAUERBLÜHER

Aufrechtes Fingerkraut
Potentilla erecta

Schon an seinen Blüten kann man das Aufrechte Fingerkraut von anderen Fingerkrautarten unterscheiden: Es besitzt nur vier Kelch- und vier Kronblätter, während die anderen fünfzählige Blüten haben. Ein weiterer gebräuchlicher Name der Pflanze ist „Blutwurz", und dieser bezieht sich auf die Inhaltsstoffe des knollig verdickten Wurzelstocks. Wird er zerbrochen oder angeschnitten, verfärbt er sich rot. Wegen des hohen Gerbstoffgehaltes seiner Wurzel wird das Aufrechte Fingerkraut seit vielen Jahrhunderten arzneilich verwendet. Noch heute setzt man es als Magenmittel ein, außerdem bei Durchfallerkrankungen und bei Entzündungen im Mund- und Rachenraum.

Juni – Oktober
15 – 30 cm

Merkmale
Aufrechter Stängel; Blüten gelb, mit 4 Kelchblättern und 4 Kronblättern, stehen in den Blattachseln; Blätter sitzen direkt am Stängel, bestehen aus 5 grob gezähnten Teilblättchen; knollig verdickter Wurzelstock, färbt sich beim Zerbrechen rot.

Vorkommen
Überall in Laub-, Misch- und Nadelwäldern, Heiden und Mooren mit kalkfreiem Untergrund.

MÄRZ

APRIL

MAI

JUNI

JULI

AUG.

SEPT.

DAUERBLÜHER

Mai – September
10 – 70 cm

Merkmale
Reich verzweigte, oft bräunlich überlaufene Stängel,
kurz behaart, stumpf 4-
kantig; 1–2 mm breite,
nadelförmige, spitze Blätter, kurz behaart, meist
nach unten eingerollt, stehen in Quirlen zu 8–12;
zahlreiche Blüten in Rispen
am Stängelende.

Vorkommen
An sonnigen Stellen in
Magerwiesen, Moorwiesen,
auch auf Dünen und an
Gebüschsäumen.

Echtes Labkraut
Galium verum

Mit seinen als Anpassung an trockene Standorte nadelförmig schmalen Blättern und den
dichten Blütenrispen aus Hunderten kleiner,
gelber, nach Honig duftender Blütchen ist
das Echte Labkraut unverwechselbar. Es
gedeiht überall an sonnigen Stellen, auf Trockenrasen, an Feldwegen und Gebüschsäumen. Wo es wächst, ist der Boden oft kalkhal-
tig. Weil die Blätter, wie die vieler anderer
Labkräuter auch, einen Stoff enthalten, der
die Milch gerinnen lässt, nutzte man die
Pflanze früher zur Käseherstellung. In
Schottland wird sie heute noch als Färbe-
pflanze verwendet, denn die oberirdischen
Pflanzenteile enthalten einen gelben, die
Wurzel einen roten Farbstoff.

Echte Nelkenwurz
Geum urbanum

Halbschatten und viele Nährstoffe im Boden braucht die Echte Nelkenwurz. Diese Bedingungen findet sie an Waldrändern und auch in Menschennähe. Deshalb wächst sie häufig auch um unsere Häuser. Alle Nelkenwurzarten haben einen ziemlich dicken Wurzelstock, der auffällig nach Gewürznelken duftet. Deswegen haben die Menschen lange Zeit die Wurzeln am 21. März, dem Namenstag des Heiligen Benedikt, ausgegraben, gemahlen und als Gewürznelkenersatz verwendet. In fast allen europäischen Sprachen heißt die Pflanze auch „Benediktenkraut". Das Eugenol, wie der Nelkengeruchsstoff wissenschaftlich heißt, kennzeichnet auch den französischen Benediktinerlikör.

Mai – September
25 – 60 cm

Merkmale
Stängel wenig verzweigt; Blätter gefiedert, große und kleine Fiederpaare wechseln sich ab; Blüten mit zurückgeschlagenen Kelchblättern und ausgebreiteten Kronblättern; Einzelfrüchte mit hakig gebogenem Schnabel stehen in einem kugeligen Köpfchen.

Vorkommen
An stickstoffreichen, halbschattigen Standorten; Auwälder, Laubmischwälder, auch Gebüschsäume.

MÄRZ

APRIL

MAI

JUNI

JULI

AUG.

SEPT.

DAUERBLÜHER

Juni – August

50 – 250 cm

Merkmale

Geschützte Pflanze mit ovalem Stängel; Schwimmblätter breit eiförmig bis oval; Blüten goldgelb, kugelig geformt, etwa 4–6 cm groß, sitzen auf langen, kräftigen Stängeln außerhalb des Wassers; grüne flaschenförmige Frucht.

Vorkommen

Stehende oder langsam fließende, nährstoffärmere Gewässer, auch in Moorseen.

Gelbe Teichrose
Nuphar lutea

Träge dahinfließende Flüsse und Altwasserarme sind häufig von der Teichrose mit ihren gelben Blütenkugeln bewachsen. Vor allem dann, wenn die Wassertiefe zwischen einem und zwei Metern liegt und der Boden schlammig ist. In ganz Ostpreußen und Pommern heißen die Teichrosen „Mummeln" und eine seltene pommersche Variante mit roten Kronblättern nennt man in Danzig „Mummelkönig". Für viele Tiere ist diese Pflanze Lebensraum. Wasserschnecken kleben ihre Eier an die Unterseiten der Schwimmblätter und die Federfußjungfer, eine Fließwasserlibelle, legt ihre Eier in das luftige Gewebe der Teichrosenstängel. Die Früchte schwimmen auf einem Luftgewebe.

MÄRZ
APRIL
MAI
JUNI
JULI
AUG.
SEPT.
DAUERBLÜHER

Gewöhnlicher Gilbweiderich
Lysimachia vulgaris

Der Sohn eines Königs auf Sizilien mit Namen Lysimachos war Arzt und verwendete den Gilbweiderich gegen Fieber und Skorbut. Ihm zu Ehren wurde die Pflanze mit wissenschaftlichem Namen *Lysimachia* getauft. Diese typische Sumpfpflanze ist zwar häufig, aber doch eine herausragende Besonderheit in der mitteleuropäischen Flora. Als einzige Pflanze scheidet sie keinen Nektar für Insekten ab, sondern Öl. Nur eine einzige Wildbienenart hat sich auf diese ungewöhnliche Energiequelle eingestellt und bestäubt die Blume. Eine derartige Zweierbeziehung ist für eine Pflanze riskant. Deshalb hat sie weitere Möglichkeiten, sich fortzupflanzen, zum Beispiel durch Ausläufer.

Juni – August
60 – 130 cm

Merkmale
Stängel aufrecht, behaart; Blätter gegenständig oder in 3-blättrigen Wirteln, unten dicht behaart, Oberseite mit kleinen schwarzen Drüsen punktiert; pyramidenförmiger Blütenstand aus goldgelben Blüten.

Vorkommen
Liebt nassen, moorigen Boden, wächst in dichten Beständen in Erlenbruchwäldern, auf Kahlschlägen, in Weidengebüschen.

MÄRZ
APRIL
MAI
JUNI
JULI
AUG.
SEPT.
DAUERBLÜHER

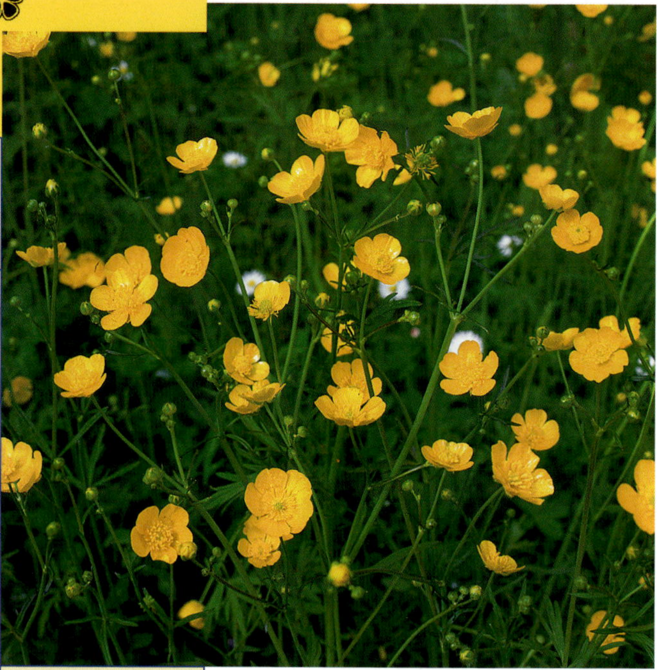

Mai – August
30 – 100 cm

Merkmale
Mehrjährige Pflanze; Stängel rund, reich verzweigt, vielblütig; Blätter handförmig, in 3–5 Teile tief eingeschnitten; goldgelbe Blüte mit 5 glänzenden Blütenblättern.

Vorkommen
Auf Fettwiesen; eine der häufigsten heimischen Wildpflanzen, steht in Massen auf nährstoffreichem Untergrund; zeigt viel Wasser im Boden an.

Scharfer Hahnenfuß
Ranunculus acris

Der Giftstoff Protoanemonin ist in der ganzen Pflanze verteilt und schmeckt sehr scharf. Deshalb wird der Scharfe Hahnenfuß von den Kühen nicht gefressen und bildet gelbe Blüteninseln auf der Weide. Er ist ein ausdauernder Blüher und kann in der ganzen Vegetationsperiode gefunden werden. Im norddeutschen Tiefland prägt er häufig schon im Mai den gelben Blütenaspekt von Frühlingswiesen. In den Alpen besiedelt er die Almwiesen und blüht vom Sommer bis zum Herbst. Seine Inhaltsstoffe reizten oft auch die Haut der mit der Sense mähenden Bauern. Sie bekamen blasige Ekzeme. Im Heu sind die Stoffe dann wirkungslos. Es kann verfüttert werden.

MÄRZ

APRIL

MAI

JUNI

JULI

AUG.

SEPT.

DAUERBLÜHER

Scharfer Mauerpfeffer
Sedum acre

Sukkulenten nennt man Pflanzen, deren Blätter dickfleischig sind und ein Wasserspeichergewebe haben. Mit dieser wirkungsvollen Einrichtung sind sie gut vor Austrocknung geschützt. Außerdem kann der Scharfe Mauerpfeffer seine winzigen Spaltöffnungen bei Tag verschließen, um die Verdunstung gering zu halten. Das bringt ihn allerdings auch in eine Mangelsituation, weil er bei geschlossenen Spalten kein Kohlendioxid aufnehmen kann. Deshalb holt er sich das lebensnotwendige Gas nachts und speichert es in organischen Säuren. Mit diesem Stoffwechsel kann er die ungewöhnlichsten und trockensten Standorte besiedeln: Alte Mauern, Dächer oder Felsspalten.

Juni – August

3 – 15 cm

Merkmale
Mehrjährige Pflanze mit kriechenden Stängeln; dicke, fleischige, eiförmige Blätter, an der Spitze oft rot; goldgelbe Blüten, deren Kronblätter fast waagerecht abstehen, wachsen in dichten, verzweigten Blütenständen.

Vorkommen
In dichten Teppichen an sonnigen, trockenen, sandigen Standorten; auf Kieswegen, Bahnschotter, Mauern und in Felsspalten.

MÄRZ

APRIL

MAI

JUNI

JULI

AUG.

SEPT.

DAUERBLÜHER

Mai – September

20 – 120 cm

Merkmale

Pflanze mit Milchsaft; gut
an der charakteristischen
Blattform zu erkennen:
Blätter mit großem 3-ecki-
gem Endlappen und 2 klei-
neren Seitenlappen, am
Rand grob gezähnt; Stängel
aufrecht, oben reich ver-
zweigt; hellgelbe Blüten in
lockerer Rispe.

Vorkommen

Weit verbreitet an Wegrändern, auf Schuttplätzen,
unter Gebüschen und in
Gärten.

Gewöhnlicher Rainkohl
Lapsana communis

Seit der jüngeren Steinzeit ist der Rainkohl
unser Kulturbegleiter. Er wächst an Ackerrainen, Zäunen, Heckensäumen und Waldrändern. Dieses Halbschattengewächs ist eine
tief wurzelnde Pionierpflanze und oft die
erste, die Baustellen wieder bewächst. Als
„Hasenmus" ist der Rainkohl allgemein bekannt, weil viele Wildtiere ihn fressen. Seine
Blätter passen aber auch in Salat. Viele Bauern verwendeten die Pflanze früher bei
Euterentzündungen, weil ihr Milchsaft heilende Stoffe enthält. Im Dill-Kreis gab und
gibt man sie den Kühen zu fressen, weil diese dann eine besonders fette Milch mit viel
Schmand geben. „Schmandkräutche" heißt
der Rainkohl deshalb dort.

MÄRZ

APRIL

MAI

JUNI

JULI

AUG.

SEPT.

DAUERBLÜHER

Wald-Habichtskraut
Hieracium murorum

Schon in der Antike hieß diese Pflanze in
Anlehnung an das griechische Wort *heras* für
Habicht *Heracion*. Möglicherweise deutet der
Name auf ihren Standort hin: Sie wächst
dort, wo nur noch der Habicht hinkommt.
Heute ist das Wald-Habichtskraut in ganz
Europa in lichten Wäldern zu finden, besonders häufig in Buchenmischwäldern. Es bildet eine sehr formenreiche Art mit einer Fülle von schätzungsweise 120 Unterarten, die
nur sehr schwer zu unterscheiden sind.
Denn viele Habichtskräuter bilden Samen
aus, ohne dass die Blüten vorher befruchtet
wurden. Die Nachkommen einer Pflanze
sehen dann alle wie die Mutterpflanze aus.
Die Pflanzen variieren von Ort zu Ort.

Mai – August
20 – 50 cm

Merkmale
Mehrjährige, sehr formen-
reiche Pflanze; Stängel
behaart, mit wenigen Blättern, führt Milchsaft; Blätter grob gezähnt, weich,
dunkelgrün; nur wenige
rispenartig angeordnete
Blütenköpfchen am Stän-
gelende.

Vorkommen
Häufig in grasreichen Laub-,
Misch- und Nadelwäldern,
an Waldrändern, auf Wald-
wegen; vor allem in Mischwäldern der Gebirge.

MÄRZ

APRIL

MAI

JUNI

JULI

AUG.

SEPT.

DAUERBLÜHER

Juni – August
30 – 100 cm

Merkmale
Getrocknet duftet die
Pflanze nach Waldmeister;
Blätter 3-teilig, Teilblättchen eiförmig, gesägt;
gelbe Blüten in lang gestielten, ährenartigen Blüten-
ständen.

Vorkommen
Bevorzugt sonnige Stand-
orte; in ganz Europa häufig
an Wegen und Bahndäm-
men, auf Schuttplätzen, in
Kiesgruben und Steinbrü-
chen.

Echter Steinklee
Melilotus officinalis

In Notzeiten dienten seine getrockneten
Blätter als Tabakersatz. Und weil der Steinklee besonders häufig auf dem Schotter der
Bahngleise wächst, hieß dieser schlechte
Tabak „Bahndamm Nordseite". Die Pflanze
ist eine wichtige Bienenweide und wird von
Imkern angesät. Den Nektarreichtum und
den wunderschönen Duft nach Klee findet
man auch im wissenschaftlichen Namen
Melilotus, was wörtlich übersetzt „Honigklee"
bedeutet. Weil der Echte Steinklee mit seinen Wurzeln fast einen Meter tief in Roh-
böden dringt, wird er häufig nach dem Stra-
ßenbau an die Böschungen gesät. Heute ist
er weltweit verbreitet und wird oft getrocknet
als Mottenkraut in Schränke gelegt.

MÄRZ

APRIL

MAI

JUNI

JULI

AUG.

SEPT.

DAUERBLÜHER

Wiesen-Wachtelweizen
Melampyrum pratense

Der Name der Pflanze ist irreführend. Der Wiesen-Wachtelweizen wächst häufig in Wäldern, auf Heiden und in Gebüschen, selten auf typischen Wiesen. Obwohl seine Blätter Chlorophyll enthalten und er somit lebensnotwendige Nährstoffe selbst aufbauen kann, zapft er als Halbschmarotzer die Wurzeln anderer Pflanzen an und entzieht ihnen Wasser und gelöste Nährsalze. Besonders häufig saugt er an den Wurzeln von Waldbäumen wie der Fichte, aber auch an denen der Heidelbeere und anderer Zwergsträucher. Der Wiesen-Wachtelweizen enthält in allen Pflanzenteilen Aucubin und ist somit für manche Pflanzenfresser giftig. Für Mäuse sind seine Samen tödlich.

Juni – September
10 – 40 cm

Merkmale
Welkt nach dem Abpflücken sehr schnell; Stängel 4-kantig, reich verzweigt; Blätter gegenständig, ganzrandig, 3–6 cm lang, schmal; sattgelbe Rachenblüten, zeigen am Stängel alle in dieselbe Richtung, bilden einen ährenartigen Blütenstand.

Vorkommen
Laub-, Misch- und Nadelwälder, Waldwiesen; zeigt nährstoffarme, saure Böden an.

MÄRZ

APRIL

MAI

JUNI

JULI

AUG.

SEPT.

DAUERBLÜHER

Juni – August
20 – 60 cm

Merkmale
Stängel kantig, kurz
behaart; Blätter gefiedert,
mit einem Fiederpaar und
einer Ranke, Einzelblatt
schmal, unterseits mit
deutlichen Blattnerven;
gelbe Blüten in traubenarti-
gen, auffallend lang gestielten Blütenständen; reife
Früchte etwas abgeflacht.

Vorkommen
Häufigste Platterbsenart,
bildet ausgedehnte Bestände auf Fett-, Moor- und
Feuchtwiesen.

Wiesen-Platterbse
Lathyrus pratensis

Die Gattung *Lathyrus* aus der Familie der
Schmetterlingsblütengewächse umfasst etwa
150 Arten. Sie wachsen in der nördlichen
gemäßigten Zone, in den Subtropen und in
den tropischen Gebirgen. In Deutschland
kommen 15 Arten vor. Eine der häufigsten ist
die Wiesen-Platterbse. Weil sie wie viele
Schmetterlingsblütler in ihren Wurzeln
Stickstoff bindende Bakterien besitzt und
somit den Boden verbessert, wird diese zierliche Kletterpflanze in manchen Gegenden
von den Bauern ausgesät. Ihre Blüten werden von Hummeln und Bienen besucht. Die
Samen enthalten sehr viel Eiweiß und sind
ein gutes Wildvogelfutter. Von Fasanen und
Rebhühnern werden sie gerne gefressen.

Echter Baldrian
Valeriana officinalis

Diese Pflanze feuchter Wälder fehlt in Mitteleuropa nirgends. Mit ihrem hohen Wuchs und den unpaarig gefiederten Blättern ist sie von den anderen Baldrianarten gut zu unterscheiden. „Katzenkraut" wird der Echte Baldrian volkstümlich auch genannt, denn die Inhaltsstoffe seiner getrockneten Wurzeln üben auf Kater eine starke Anziehungskraft aus. Ihr Geruch entspricht dem von läufigen Katzen. Selbst herbarisierte Pflanzen verbreiten noch nach Jahren diesen unangenehmen Geruch nach Schweiß. Baldrian ist seit alter Zeit eine der bekanntesten Heilpflanzen. Seine Wurzeln sind reich an ätherischem Öl, das beruhigend auf das Zentralnervensystem wirkt.

Juli – September
70 – 170 cm

Merkmale
Stängel gerillt; Blätter unpaarig gefiedert, mit 11–23 schmalen Teilblättchen; Blüten zartrosa bis weiß, stehen zahlreich in einem halbkugeligen, schirmartigen Blütenstand am Stängelende; aus den Blüten ragen der Griffel und 3 Staubblätter.

Vorkommen
Lichtbedürftige Pflanze, wächst in feuchten Wäldern, an den Ufern von Waldbächen und Gräben.

MÄRZ
APRIL
MAI
JUNI
JULI
AUG.
SEPT.
DAUERBLÜHER

MÄRZ

APRIL

MAI

JUNI

JULI

AUG.

SEPT.

DAUERBLÜHER

Juni – August
10 – 50 cm

Merkmale
Stängel steif, aufrecht;
Blätter gegenständig, lang,
schmal, grasartig; Blüten
karminrot, duftend, umge-
ben von einem Kelch aus
braunen, schuppigen Hoch-
blättern, Blütenblätter am
Rand fein gezähnt.

Vorkommen
Kalkreiche, sommerwarme
Standorte: Trockenrasen,
sonnige Wiesen, steile
Wiesenböschungen; bis in
Höhen von 2500 m anzu-
treffen.

Karthäuser-Nelke
Dianthus carthusianorum

Flos Carthusiensis (Karthäuserblümchen)
wird sie auch genannt, wohl deshalb, weil
Karthäusermönche sie schon in ihren Klos-
tergärten zogen und daraus eine stark duftende Gartenform entwickelten, die sie *Oculi
Christi* (Christusäuglein) nannten. Die Kar-
thäuser-Nelke ist unsere häufigste wild
wachsende Nelke und an vielen grasigen
Plätzen zu finden, wenn sie nur den richtigen Untergrund haben. Diese Pflanze
braucht kalkreiche, sandige oder steinige
Böden. Ihre Blüten werden von Tagfaltern
bestäubt. Damit Bienen die Blütenkelche
nicht von außen anbeißen, um den Nektar
zu stehlen, ist der Kelchgrund von schuppen-
artigen Hochblättern umgeben.

MÄRZ
APRIL
MAI
JUNI
JULI
AUG.
SEPT.
DAUERBLÜHER

Stink-Storchschnabel
Geranium robertianum

Die Pflanze trägt ihren Namen zu Recht. Ihre Blätter verströmen, wenn man sie zwischen den Fingern zerreibt, einen sehr unangenehmen Geruch. Verantwortlich dafür ist ein ätherisches Öl. Der Stink-Storchschnabel ist über fast ganz Europa verbreitet und auch in Deutschland ziemlich häufig. Er wächst in feuchten, schattigen Wäldern. Von anderen einheimischen Storchschnabelarten unterscheidet er sich deutlich in der Form seiner Blätter: Sie bestehen aus drei, manchmal auch fünf Teilblättchen, die selbst wieder gefiedert sind. „Ruprechtskraut" heißt die Pflanze in Anlehnung an das lateinische *ruber* (rot), weil ihre Stängel und Blätter sich im Herbst leuchtend rot färben.

Mai – September
10 – 50 cm

Merkmale
Pflanze riecht beim Zerreiben sehr unangenehm; Stängel behaart, rot überlaufen, zerbricht leicht an den verdickten Gelenken; Blätter lang gestielt, weich, behaart, zusammengesetzt aus 3–5 Einzelblättchen; Blüten rosa, Kronblätter mit 3 weißlichen Längsstreifen.

Vorkommen
Wächst verbreitet an feuchten, schattigen Stellen in Laub- und Nadelwäldern.

MÄRZ
APRIL
MAI
JUNI
JULI
AUG.
SEPT.
DAUERBLÜHER

Juni – August
50 – 150 cm

Merkmale
Eine unserer gefährlichsten Giftpflanzen; unverwechselbar durch ihre dunklen Blüten und Beeren, die auf 5 Kelchblättern liegen; Blätter eiförmig spitz, ganzrandig; braunviolette Blütenglocken, kurz gestielt; kugelige Beerenfrucht zunächst grün, reif tiefschwarz glänzend.

Vorkommen
Waldlichtungen, Ränder von Laub-, Misch- und Nadelwäldern.

Echte Tollkirsche
Atropa bella-donna

In die Familie der Nachtschattengewächse gehört eine Reihe hochgiftiger Pflanzen. Die Tollkirsche, eine der bekanntesten und auch gefährlichsten, steht auf fast jeder Waldlichtung. Schon der Genuss von drei bis vier Tollkirschenbeeren soll zum Tode führen. Diese Giftwirkung kommt auch im wissenschaftlichen Namen der Pflanze zum Ausdruck: *Atropa* ist abzuleiten vom griechischen *atropos*, „unabwendbar tödlich". Verantwortlich für die tödliche Wirkung der Pflanze sind die Alkaloide Hyoscyamin und Atropin. Im Jahr 1543 beschrieb der Kräuterkundige Leonhard Fuchs die Tollkirsche zum ersten Mal in seinem „New Kreuterbuch". Er nannte die Pflanze „Dollkraut".

Wasser-Knöterich
Persicaria amphibia

Die zahlreichen Arten der Knöterichgewächse sind über die gesamte nördliche gemäßigte Zone verbreitet. Der Wasser-Knöterich wächst in Mitteleuropa von der Ebene bis in die höheren Mittelgebirgslagen. Er ist eine echte amphibische Pflanze mit einer Land- und einer Wasserform. Die Wasserform schwimmt im Seerosengürtel stehender und langsam fließender Gewässer. Ihre Stängel erreichen fast einen Meter Länge und sind von weiten Luftkanälen durchzogen. Die Landform besiedelt dagegen nasse Wiesen und Äcker und ist dort ein Anzeiger für Tiefenfeuchtigkeit. Sie hat einen aufrechten, markigen, behaarten Stängel und bleibt deutlich kleiner als die Wasserform.

Juni – September
30 – 80 cm

Merkmale
Amphibische Pflanze, kommt in einer flutend wachsenden Wasser- und einer aufrechten Landform vor; Blätter der Wasserform länglich eiförmig und kahl, die der Landform deutlich schmaler und klebrig behaart; beide mit rosaroten Blüten in einem walzenförmigen Blütenstand.

Vorkommen
Stehende oder langsam fließende Gewässer, nasse Wiesen.

MÄRZ

APRIL

MAI

JUNI

JULI

AUG.

SEPT.

DAUERBLÜHER

Juni – September
50 – 100 cm

Merkmale
Stängel deutlich 4-kantig,
oft rötlich überlaufen; Blätter 4–7 cm lang, schmal,
gegenständig oder zu dritt
in Wirteln, sitzen direkt am
Stiel; rotviolette Blüten mit
6 Kronblättern, bilden
einen 30–50 cm langen
ährigen Blütenstand.

Vorkommen
Besiedelt staunasse, nähr-
stoffreiche Böden in
Gewässernähe; an Bächen,
Flüssen, Teich- und Tümpel-
rändern.

Blut-Weiderich
Lythrum salicaria

Im Hochsommer leuchten die dunkel purpurroten Blütenkerzen des Blut-Weiderichs
überall an Bachufern und Wassergräben.
Aber der auffälligen Blütenfarbe verdankt die
Pflanze ihren Namen nicht. Blut-Weiderich
wird sie genannt, weil ihre Blätter denen von
Weiden ähneln und weil sie schon immer als
blutstillendes Mittel verwendet wurde. Schon
Plinius und Dioskurides empfahlen sie
gegen Nasenbluten. Der Glaube an die blut-
stillende Wirkung des Blut-Weiderichs
beruhte zunächst auf der Signaturenlehre,
fand aber später im Gerbstoffgehalt der
Pflanze eine naturwissenschaftliche Erklärung. Die wirksamen Stoffe sind in den blühenden Zweigspitzen enthalten.

Gewöhnliche Kratzdistel
Cirsium vulgare

Diese Distel ist in ganz Europa verbreitet. Lediglich Gebiete mit ausgesprochen kalten Wintern meidet sie. Die Gewöhnliche Kratzdistel besiedelt Wegränder und Schuttplätze mit lehmigem, stickstoffreichem Untergrund und weist an ihren Standorten noch deutlicher als die anderen Kratzdisteln auf Überdüngung hin. Die zweijährige Pflanze bildet im ersten Jahr nur eine grundständige Blattrosette aus, im zweiten Jahr dann den reich verzweigten Blütenspross. Die Blütenkörbchen enthalten nur Röhrenblüten. Auffallend an dieser Distel sind die stachelbewehrten Blätter, die in einem langen gelben Stachel enden. Deshalb heißt die Gewöhnliche Kratzdistel auch „Lanzett-Distel".

Juni – September
50 – 130 cm

Merkmale
Blätter mit deutlich stachelig gezähnten Abschnitten, enden in einem langen Stachel, sind unten graufilzig, oben mit feinen Stacheln besetzt; purpurrote Blütenköpfe, eiförmige Blütenhülle mit dornigen, nach außen gerichteten Hüllblättern.

Vorkommen
Stickstoffzeiger; besiedelt Wegränder, Schuttplätze, Kahlschläge mit nährstoffreichem Untergrund.

MÄRZ

APRIL

MAI

JUNI

JULI

AUG.

SEPT.

DAUERBLÜHER

Juni – August

30 – 150 cm

Merkmale
Eine der schönsten heimi-
schen Pflanzen, steht unter
Naturschutz; Stängel grün,
oft braun gefleckt; nickende
Blüten aus 6 purpurroten,
dunkel gefleckten Kronblättern, die nach außen eingerollt sind, 6 Staubblätter
ragen nach unten aus der
Blüte.

Vorkommen
Halbschattenpflanze in
Laubwäldern, Nadelmisch-
wäldern; liebt nährstoffreiche, kalkhaltige Böden.

Türkenbund-Lilie
Lilium martagon

Eine der schönsten Pflanzen Mitteleuropas
wächst auf Waldwiesen und in den Laubwäldern der Gebirge. Sie steht unter Naturschutz. Ihre hell purpurfarbenen Blüten
erinnern in der Form an einen Turban, daher
der Name „Türkenbund-Lilie". Diese fast
fremdartigen Blüten verströmen abends und
nachts einen schweren, süßen Duft und
locken Nachtfalter an, die mit ihren langen
Rüsseln den Nektar aus den Blüten saugen.
Da die Blütenblätter sehr stark nach außen
eingerollt sind, fehlt ein Landeplatz für an-
fliegende Insekten und die Falter saugen im
Schwebflug. Diese heute seltene Lilie muss
früher viel häufiger gewesen sein. Das deu-
ten ihre zahlreichen Volksnamen an.

Geflecktes Knabenkraut
Dactylorhiza maculata

Es gibt mehrere Knabenkräuter mit gefleckten Blättern, doch nur eine Art wird danach
benannt. Das Gefleckte Knabenkraut wächst
gesellig an feuchten und etwas moorigen
Standorten mit kalkarmem Untergrund,
besonders gerne auf feuchten Waldwiesen.
Die Knabenkräuter der Gattung *Dactylorhiza*
sind wohl die taxonomisch schwierigste
Gruppe der mitteleuropäischen Orchideen.
Zum einen gibt es häufige Kreuzungen zwi-
schen den Arten, und zum anderen ist die
Variabilität bei fast allen Arten sehr groß.
Ein- und dieselbe Pflanze kann im Laufe der
Jahre ihr typisches Aussehen deutlich verän-
dern, und die Art kann von Standort zu
Standort unterschiedlich aussehen.

Juni – August
20 – 60 cm

Merkmale
Streng geschützte Pflanze
mit markigem Stängel;
Stängelblätter lang ge-
streckt, spitz auslaufend,
mit runden dunklen Fle-
cken; fast pyramidenförmiger Blütenstand aus 20–70
gefleckten Einzelblüten mit
Sporn.

Vorkommen
Besiedelt nährstoff- und
kalkarme Böden an feuch-
ten Standorten; zu finden
in feuchten Magerwiesen,
Mooren und Heiden.

MÄRZ

APRIL

MAI

JUNI

JULI

AUG.

SEPT.

DAUERBLÜHER

Juni – August
30 – 150 cm

Merkmale
Stängel dicht behaart; Blätter unten graufilzig; auffällige, glockenförmige Blüten, rot, innen mit violetten, weiß umrandeten Flecken, bilden lange Trauben, die von unten nach oben aufblühen, je Traube 50–120 Blüten.

Vorkommen
Wächst überall, wo der Boden aufgelockert ist: auf frisch gerodeten Waldlichtungen, Kahlschlägen, oft auch in Fuchsbaunähe.

Roter Fingerhut
Digitalis purpurea

Lichte Wälder und Kahlschläge sind der Lieblingsstandort des Roten Fingerhutes. Dort blüht er massenweise. Heute ist er als herzstärkende Arzneipflanze so geläufig, dass man sich kaum vorstellen kann, dass seine heilsame Wirkung auf das Herz erst seit dem 18. Jahrhundert bekannt ist. 1775 entdeckte der englische Arzt William Withering die herzstärkenden Eigenschaften der Inhaltsstoffe. Doch Segen und Gefahr liegen oft dicht beieinander: Die herzwirksamen Glykoside Digitoxin und Gitoxin machen auch die große Gefährlichkeit des Roten Fingerhutes aus. Falsch dosiert wirken sie tödlich giftig. „Dead men's bell", Totenglocke, nennt man ihn deshalb in England.

MÄRZ

APRIL

MAI

JUNI

JULI

AUG.

SEPT.

DAUERBLÜHER

Wald-Ziest
Stachys sylvatica

In fast ganz Europa und weiten Teilen
Asiens wächst der Wald-Ziest in feuchten
Laubmisch- und Auwäldern. Durch seinen
unangenehmen Geruch fällt er sofort auf.
Seine dunkel weinroten Blüten bilden einen
lockeren ährenartigen Blütenstand. An den
Einzelblüten fallen eine weiße Zeichnung
der Unterlippe und ein Haarring in der
Kronröhre auf. Diese weiße Zeichnung und
der Haarring im Inneren der Blüte sind
deutliche Unterscheidungsmerkmale vom
nahe verwandten Heilziest *Stachys officinalis*.
Dieser genoss jahrhundertelang bei allen
berühmten Ärzten hohes Ansehen. Im alten
Griechenland hieß es sogar: „Verkauf deinen
Mantel und kauf Ziest dafür".

Juni – September
30 – 120 cm

Merkmale
Gegenständige, weichhaa-
rige, herzförmige Blätter,
ähneln denen der Brenn-
nessel; unangenehm rie-
chende Blüten in den Ach-
seln der oberen Blätter
bilden einen ährenartigen
Blütenstand, Einzelblüten
mit deutlich weiß gezeich-
neter Unterlippe.

Vorkommen
Feuchtezeiger; besiedelt
Auwälder, feuchte Laub-
mischwälder und feuchte,
schattige Waldwege.

MÄRZ

APRIL

MAI

JUNI

JULI

AUG.

SEPT.

DAUERBLÜHER

Juni – September

10 – 50 cm

Merkmale

Blätter 3-zählig gefiedert, Teilblättchen ganzrandig, mit einem hellen V-förmigen Band; duftende rote, kugelige Blütenköpfe, stehen oft zu zweit am Stängelende; Hülsenfrucht mit violetten, braunen oder gelben Samen.

Vorkommen

Wächst überall auf Fettwiesen und Weiden, wird auch als Futterpflanze und zur Gründüngung angebaut.

Wiesen-Klee
Trifolium pratense

Trifolium heißt „Dreiblatt". Und tatsächlich bestehen die Blätter des Klees aus drei kleinen Blättchen. Doch manchmal hat ein Kleeblatt auch vier davon und gilt dann bei uns als Glücksklee. In Irland ist der Klee das Nationalemblem, die Iren nennen ihn *shamrock*. Es gibt mindestens 300 Kleearten in Europa. Doch viele sind weltweit angesät oder ausgewildert. Was den Wiesen-Klee so wertvoll macht, ist seine Fähigkeit, in winzigen Knötchen an den Wurzeln Bakterien zu beherbergen. Diese können den Stickstoff der Luft binden und in eine für Pflanzen verwertbare Form bringen. Damit verbessert der Klee die Böden. Zusätzlich kann er als Gründünger untergepflügt werden.

MÄRZ

APRIL

MAI

JUNI

JULI

AUG.

SEPT.

DAUERBLÜHER

Bachbungen-Ehrenpreis
Veronica beccabunga

Für einen Gartenteich ist er die ideale Ufer-
pflanze, weil er gut wächst und lange blüht.
Dieser Ehrenpreis mit dem ungewöhnlichen
Namen hat in jeder Blattachsel bis zu 30 Blüten. In der Natur wächst er im flachen Wasser von Bächen und bildet dort oft große
Polster. Doch woher stammt der merkwür-
dige Name? 1583 schreibt der Chronist Dodo-
naeus, dass die Germanen eine Pflanze
„Bachpunghen" nannten. Wahrscheinlich ist
das eine Ableitung von „bekebone", was in
früherer Zeit so etwas wie „Bachbohne"
bedeutete. Die fleischigen Blätter sind denen
von Bohnen sehr ähnlich und wurden als
Salat gegessen. Ein netter Name stammt aus
der Gegend von Zürich: „Hosenlupferle".

Mai – September
10 – 50 cm

Merkmale
Blätter fleischig, breit eiförmig bis fast rund, gegen-
ständig, kurz gestielt; Blütentrauben wachsen an
Stielen aus den Achseln der
oberen Blätter, umfassen
bis zu 30 hellblaue Einzelblüten mit 4 Kelch- und 4
Kronblättern, aber nur 2
Staubblättern.

Vorkommen
Besonders häufig im fla-
chen Wasser von Bächen,
Gräben und Quellen.

MÄRZ

APRIL

MAI

JUNI

JULI

AUG.

SEPT.

DAUERBLÜHER

Mai – August

15 – 20 cm

Merkmale

Bildet an seinen Standorten himmelblaue Blütenteppi-che; Stängel behaart, krie-chend oder aufsteigend; Blätter gegenständig, fast am Stängel sitzend; Blüten mit ungleich großen Kron-blättern, die Staubbeutel ragen weit heraus.

Vorkommen

Halbschattenpflanze; näs-sescheu; von der Ebene bis ins Gebirge in trockenen Laub- und Nadelwäldern häufig.

Echter Ehrenpreis
Veronica officinalis

Wenn der wissenschaftliche Name das Wort *officinalis* beinhaltet, dann war diese Pflanze in der Apotheke gebräuchlich. Man versuch-te einfach alles, um mit ihrer Hilfe zu heilen, und hatte auch oft Erfolg. Heute wird der Echte Ehrenpreis kaum noch als Heilpflanze verwendet. Die kriechende Pflanze mit den blauen bis violetten Blüten eignet sich jedoch ausgezeichnet als Bodendecker für Wildgär-ten. Sie braucht nur wenig gedüngte Böden. Dann bewurzeln sich die niederliegenden Stängel an den Verzweigungen und bilden im Laufe der Zeit einen dichten Blütentep-pich. Außerdem ist die einen halben Meter tief wurzelnde Pflanze nicht so schnell durch Austrocknung gefährdet.

MÄRZ
APRIL
MAI
JUNI
JULI
AUG.
SEPT.
DAUERBLÜHER

Bittersüßer Nachtschatten
Solanum dulcamara

Obwohl der Bittersüße Nachtschatten bis sieben Meter hoch wachsen kann und meist immerhin zwei Meter erreicht, wird er oft übersehen. Dieser Kletterstrauch windet sich durch feuchte Hecken, vor allem aber durch Schilfgebiete, in die selten ein Mensch kommt. In den Tropen gibt es fast 2000 Vertreter dieser Gattung aus der Familie der Nachtschattengewächse. Nahe Verwandte sind die Kartoffel und die Tomate. Leider lassen sich die erbsengroßen roten Früchte nicht wie Tomaten ernten. Ganz im Gegenteil: Sie sind giftig und gefährlich für Kinder. Ungewöhnlich sind die Blüten in Gelb und Lila. Mit besonderem Glanz täuschen sie Insekten nicht vorhandenen Nektar vor.

Juni – August
30 – 200 cm

Merkmale
Giftpflanze, die mit ihren Stängeln an anderen Pflanzen hochrankt; an den blauvioletten Blüten leicht zu erkennen: 5 ausgebreitete oder zurückgebogene Kronblätter, auffallend gelbe Staubbeutel, die zu einem Kegel verwachsen sind und aus den Blüten herausragen; glänzend scharlachrote Beeren.

Vorkommen
Auwälder, feuchte Hecken.

MÄRZ

APRIL

MAI

JUNI

JULI

AUG.

SEPT.

DAUERBLÜHER

Juni – September
20 – 60 cm

Merkmale
Ganze Pflanze graugrün gefärbt; Stängel und Blätter mit einer wachsartigen Schicht überzogen; Blätter groß und derb, Rand weiß, tief gezähnt, stachelig; die Blüten stehen dicht gedrängt in einem kugeligen Köpfchen, Blütenblätter blau bis violett, von stacheligen Kelchblättern umgeben.

Vorkommen
Sandstrände und Dünen an Nord- und Ostsee.

Stranddistel
Eryngium maritimum

In den noch wenig bewachsenen Weißdünen unserer Küsten ist eine große Besonderheit zu sehen: Die Stranddistel. Sind ihre Blätter auch stachelig, so ist sie doch keine Distel. Sie gehört auch nicht zu den Korbblütlern, obwohl ihre rundlichen Blütenköpfe aus zahlreichen kleinen blauen Blüten zusammengesetzt sind. Die Stranddistel ist ein ungewöhnliches Doldengewächs und mittlerweile eine streng geschützte Rarität. Zu viele Badegäste nahmen sie als Trockenstrauß mit. Ihre Blätter und Stängel sind mit einer dicken Wachshaut überzogen. Sie schützt die Pflanze vor Wasserverlusten in den trockenen Dünentälern und vor den Salzduschen des Meerwindes.

Wiesen-Storchschnabel
Geranium pratense

Die Wiesen entlang von Strömen und Flüssen werden bei Hochwasser häufig überschwemmt. Genau das ist der Lebensraum des Wiesen-Storchschnabels. Er liebt diese gut gedüngten Flächen und entfaltet hier seine großen blauen Blüten. Der Name „Storchschnabel" kommt von dem langen Schnabel an der Spitze der Früchte, die oft gleichzeitig mit den Blüten zu sehen sind. Genauer betrachtet sind die Schnäbel eine Art Mittelsäule, die von Fruchtfächern umgeben ist. Bei der Reife springen die einzelnen Fächer auf und schleudern die Samen meterweit. Im unterfränkischen Grabfeldgau heißt diese Pflanze im Volksmund nach ihrer Blütenfarbe sehr treffend „Tintenblume".

Juni – September
30 – 80 cm

Merkmale
Ganze Pflanze behaart; aufrechte Stängel; Blätter tief eingeschnitten, 5- bis 7-teilig, am Rand gezähnt; zarte Blüten aus 5 blauvioletten, breiten Kronblättern; Früchte mit langem schnabelähnlichem Fortsatz an der Spitze.

Vorkommen
Weit verbreitet in gedüngten Wiesen, besonders an feuchten Stellen; häufiger in Mittelgebirgslagen, seltener im Tiefland.

MÄRZ

APRIL

MAI

JUNI

JULI

AUG.

SEPT.

DAUERBLÜHER

Mai – September
20 – 60 cm

Merkmale

Einjährige Pflanze mit schlaffen, am Boden liegenden oder kletternden Stängeln; gefiederte Blätter aus 6–8 Blättchenpaaren, laufen in einer Ranke aus; Blütentrauben aus 3–5 sehr kleinen blassblauen Einzelblüten; Frucht behaarte Hülse, enthält nur 2 Samen.

Vorkommen

Wegränder, Ränder von Getreidefeldern, Gebüschsäume.

Rauhaarige Wicke
Vicia hirsuta

Etwas kümmerlich nimmt sich der Blütenstand der Rauhaarigen Wicke gegenüber allen anderen Wicken aus. Die Blüten sind sehr klein und unscheinbar. Dennoch entwickelte sich diese Art zum typischen Element der Getreide-Wildkrautgesellschaften. Nährstoffreich muss der Boden sein, lehmig und von der Sonne gewärmt. Dann treibt sie ihre Wurzeln bis zu 60 Zentimeter tief und rankt sich an Getreidehalmen hoch. Schon seit der jüngeren Steinzeit bewohnt diese Pflanze unsere Felder, und seit sie dort mit chemischen Mitteln vertrieben wurde, deren Ränder und Säume. Trotz ihrer kleinen Blüten ist sie heiß umschwärmt, denn sie lockt mit viel Nektar Wildbienen an.

MÄRZ

APRIL

MAI

JUNI

JULI

AUG.

SEPT.

DAUERBLÜHER

Blauer Eisenhut
Aconitum napellus

Wer in den Alpen wandert und aus dem
Bergwald hinaus auf die Wiesen tritt, dem
fallen die blaublütigen Hochstauden sofort
auf. Die Kühe haben die übrigen Matten
kurz gefressen. Auf den Weiden stehen nur
noch Gruppen von Blauem Eisenhut, Disteln
oder Brennnesseln. Sie werden vom Vieh
gemieden. Der Blaue Eisenhut war schon im
klassischen Altertum als die Pflanze mit den
stärksten Giften bekannt. Dennoch pflanzen
wir ihn wegen seiner hübschen Helmblüten
als Zierde in den Garten. Das Gift steckt vor
allem in den karottenförmigen unterirdischen Knollen und in den Blättern. Deshalb
sollte man den Blauen Eisenhut nie mit blo-
ßen Händen pflücken.

Juni – September
50 – 150 cm

Merkmale
Europas giftigste Pflanze;
Stängel kräftig, wächst steif
aufrecht; viele dicht stehende, handförmige Blätter,
einzelne Blattabschnitte in
schmale Zipfel zerteilt;
blauviolette, helmförmige
Blüten, bilden dichte Trauben am Stängelende.

Vorkommen
Vorwiegend in den Alpen
und im Mittelgebirge; an
schattigen Stellen, auf
feuchten Böden, in der
Nähe von Bächen.

MÄRZ

APRIL

MAI

JUNI

JULI

AUG.

SEPT.

DAUERBLÜHER

Juni – August
30 – 80 cm

Merkmale
Zweijährige Pflanze, bildet im ersten Jahr nur eine Blattrosette, im zweiten Jahr den Blütenstand; Blätter und Stängel dicht mit weißen Haaren besetzt; Blütenknospen rosarot, Blüten blau.

Vorkommen
Pionierpflanze, aus dem Süden eingewandert; weit verbreitet an trockenen, sonnigen Standorten, an Wegen, Bahndämmen, Straßenbanketten.

Gewöhnlicher Natternkopf
Echium vulgare

Der Natternkopf kommt vermutlich aus dem Mittelmeergebiet. Das lässt sich schon an den vielen Anpassungen an heißes, trockenes Klima erkennen. Die ganze Pflanze ist borstig behaart, liebt sonnige, trockene Standorte und karge Böden. Über zwei Meter tief dringt ihre Wurzel in den steinharten Boden, um auch aus den tieferen Schichten jeden Tropfen Wasser aufzusaugen. Natternkopf heißt sie wohl deshalb, weil aus der rachenförmigen Blüte eine zweispaltige Narbe herausragt, die an eine züngelnde Schlange erinnert. Wer den Blütenbesuch fotografieren möchte, muss sich nachmittags gegen drei Uhr vor die Pflanze setzen. Dann haben die Bienen hier „rush hour".

MÄRZ

APRIL

MAI

JUNI

JULI

AUG.

SEPT.

DAUERBLÜHER

Vogel-Wicke
Vicia cracca

Weithin leuchten ihre blauvioletten Blüten
an der Wegböschung. Die Vogel-Wicke kann
mit Hilfe der Ranken an ihren Blattspitzen
an Sträuchern emporklettern und über Gräser und Kräuter hinwegwuchern. Dann stellt
sie auf langen Stielen ihre Blütentrauben
zur Schau. Sie verdecken mit ihren Farben
das Blattgewirr der sie stützenden Pflanzen.
Manchmal wird die Vogel-Wicke in Feld und
Garten zum lästigen Unkraut. Doch viel
Chancen hat man nicht gegen sie. Zu tief liegen ihre Wurzeln. Besonders eindrucksvoll
ist der Klappmechanismus ihrer Blüten.
Beim Besuch von Insekten klappt das Schiffchen der Blüte herab und eine Griffelbürste
schnellt an den Bauch der Biene.

Juni – August

30 – 150 cm

Merkmale
Kletterpflanze mit kantigem
Stängel; gefiederte Blätter,
bestehen aus 6–10 Blätt-
chenpaaren und einer Ran-
ke an der Spitze; blauviolette Blütentrauben auf langen
Stielen, mit bis zu 30 Einzelblüten, die alle zu einer
Seite gewandt sind.

Vorkommen
Wächst auf nährstoffrei-
chen Lehmböden an Weg-
böschungen, Feld- und
Gebüschrändern.

MÄRZ

APRIL

MAI

JUNI

JULI

AUG.

SEPT.

DAUERBLÜHER

Mai – September

10 – 50 cm

Merkmale
Große, handförmig einge-
buchtete Blätter, Blattrand
mit großen Zähnen, an
denen bei hoher Luftfeuch-
tigkeit oft Wassertropfen
hängen; gelbgrüne Blüten
ohne Kronblätter, stehen zu
mehreren in lockeren Knäueln am Stängelende.

Vorkommen
Liebt feuchte, nährstoffreiche Standorte, besiedelt
Wiesen und Weiden;
besonders häufig im Berg-
land.

Gewöhnlicher Frauenmantel
Alchemilla xanthochlora

Ob es geregnet hat oder nicht, der Frauenmantel trägt jeden Morgen einen großen
Wassertropfen in seinem Trichterblatt. Und
auch den Rand säumt ein Kranz von silbrigen Wasserperlen. Der Grund dafür ist „Gut-
tation", ein Mechanismus, mit dem die
Pflanze ihren Wasserhaushalt regelt. Die
Alchemisten des Mittelalters kannten diesen
Vorgang nicht. Sie schrieben den Tautropfen
Wunderkräfte zu und verwendeten sie bei
ihren Versuchen, Gold aus unedlen Metallen
herzustellen. Der wissenschaftliche Name
Alchemilla leitet sich aus dieser Zeit ab. Der
Name „Frauenmantel" dagegen stammt von
der wohltuenden Wirkung der Pflanze bei
allen Frauenleiden.

MÄRZ

APRIL

MAI

JUNI

JULI

AUG.

SEPT.

DAUERBLÜHER

Guter Heinrich
Chenopodium bonus-henricus

Rings ums Haus und rings ums Dorf, um
jeden Bauernhof und auf allen Schuttplätzen, einfach überall dort, wo sich durch
Abfall viel Stickstoff anreichert, wächst der
Gute Heinrich. Sogar um die Sennhütten
herum wucherte er. Nach schwedischem
Volksglauben hat der Heilige Henrik aus dieser Pflanze mit den dreieckigen Blättern ein
Heilpflaster für Wunden bereitet. Und weil
im deutschen Volksglauben König Heinrich
der König des Heims und der Häuser ist,
wurde diese Pflanze zum Guten Heinrich.
Ihre jungen Blätter und Sprossspitzen sind
der „wilde Spinat" und ihre Stängel aß man
wie Spargel. Aber seit unsere Dörfer aufge-
räumt wie Städte sind, wird er seltener.

Mai – August
10 – 50 cm

Merkmale
Stängel hohl, gerillt; dreieckige, spießförmige Blätter, bis 10 cm lang, Rand
gewellt; unscheinbare grün-
liche Blüten, bilden in ihrer
Gesamtheit eine dichte
Ähre am Stängelende; ein-
samige Frucht.

Vorkommen
Stickstoffzeiger; besonders
häufig an überdüngten
Standorten, auf umgepflüg-
ten Äckern, Viehweiden,
Schutt- und Mistplätzen, an
Dorfstraßen, in Gärten.

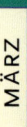

MÄRZ

APRIL

MAI

JUNI

JULI

AUG.

SEPT.

DAUERBLÜHER

Mai – August

50 – 200 cm

Merkmale

Zwei Arten von Blättern: zum einen sehr schmale, lange untergetauchte Blätter, zum andern breite, ledrige Schwimmblätter mit zahlreichen parallelen Adern; bleichgrüne, sehr kleine Blüten, bilden eine dichte, walzenförmige Ähre von 3–8 cm Länge, die über die Wasseroberfläche ragt.

Vorkommen

Teiche und Seen, oft zusammen mit Seerosen.

Schwimmendes Laichkraut
Potamogeton natans

Wenn ein Fischteich einige Jahre nicht ausgemäht wird, bedeckt bald ein Teppich aus schwimmenden Laichkrautblättern die Wasseroberfläche, oft zusammen mit Seerosen. Das Schwimmende Laichkraut hat sich an diesen Lebensraum erstaunlich gut angepasst. Die Schwimmblätter werden durch Öltröpfchen wasserabstoßend. Die Blüten haben weder Kelch- noch Kronblätter, nur vier rundliche Segmente um die Staubblätter und Griffel. Die Früchtchen enthalten in ihren Wänden ziemlich viel Luft und sind lange schwimmfähig. Nach und nach entweicht die Luft aus ihrem Gewebe und sie sinken zum Gewässergrund. Dort ruhen sie mehrere Monate, bis sie wieder auskeimen.

Fichtenspargel
Monotropa hypopitys

Eine der merkwürdigsten Pflanzen steht mitten im dunklen Fichtenwald. Der bleichgelbe Fichtenspargel kann auch noch im tiefsten Schatten gedeihen. Er ist nicht auf Sonnenlicht angewiesen, denn er besitzt kein Chlorophyll und betreibt keine Photosynthese. Wovon lebt er dann? Dieses Geheimnis ist noch nicht lange gelüftet. Zunächst nahm man an, dass die Pflanze an den Wurzeln von Bäumen schmarotzt. Es hat sich jedoch herausgestellt, dass sie ihre Nährstoffe nur aus den sich zersetzenden organischen Substanzen am Waldboden bezieht. Bei der Gewinnung dieser Nährstoffe ist ihr ein Pilz behilflich, der mit seinem feinen Fadengeflecht ihre Wurzeln umhüllt.

MÄRZ
APRIL
MAI
JUNI
JULI
AUG.
SEPT.
DAUERBLÜHER

Juni – Juli
10 – 20 cm

Merkmale
Stängel unverzweigt, bleichgelb, wirkt wachsig; Blätter ebenfalls bleichgelb, schuppenartig, umfassen ein wenig den Stängel; Blütentrauben hängen zunächst über, richten sich bei der Fruchtreife auf; Einzelblüten glockenförmig, Blütenblätter 12–16 mm lang.

Vorkommen
Wächst meist truppweise in schattigen Kiefern-, Tannen- und Fichtenwäldern.

MÄRZ

APRIL

MAI

JUNI

JULI

AUG.

SEPT.

DAUERBLÜHER

August

Im August blühen
die Salzwiesen an der
Küste. Dort wo bei
Sturmflut das Land
häufig vom Meer
überschwemmt wird
und der Wind täglich
seine Salzduschen
vorbeibringt, können
nur wenige Pflanzen
leben. Der Strandflie-
der ist eines der weni-
gen salzbeständigen
Gewächse. Er über-
zieht nun Halligen
und Inseln mit
seinem zarten Rosa.
In den übrigen Land-
schaften blühen im
August vor allem
Blütenpflanzen,
die mit Wärme
und Trockenheit
zurechtkommen.
Viele Disteln ge-
hören dazu, aber
auch Pflanzen, die
fast auf blankem Sand
wachsen können, wie
die Zaunwinde.
Trocken und heiß ist
es jetzt auch in der
Heide, wo die Besen-
heide ihre Haupt-
blütezeit hat.

AUG.

✤

MÄRZ

APRIL

MAI

JUNI

JULI

AUG.

SEPT.

DAUERBLÜHER

Juni – September
20 – 60 cm

Merkmale
Stängel rau; Kronblätter
weiß oder hellgelb mit
dunklen Adern, aufrechter
Kelch, Blüten bilden lockere
Trauben am Stängelende;
Schoten 2–10 cm lang,
perlschnurartig gegliedert,
mit langer samenloser
Spitze.

Vorkommen
Äcker, Ruderalstellen,
Schuttplätze; braucht nähr-
stoffreiche, aber kalkarme
Böden; Versauerungs-
zeiger.

Hederich
Raphanus raphanistrum

Überall auf Brachland und in Stoppelfeldern,
aber auch in Maiskulturen und Gemüse-
pflanzungen mit mäßig sauren Böden
wuchert der Hederich oder „Ackerrettich".
Typisch für dieses Unkraut sind seine rau
behaarten Blätter und die hellen Blüten mit
den dunklen Adern. Meist blüht der Hederich weiß. Aber es gibt auch Formen mit
hellgelben Kronblättern. Noch auffälliger als
seine Blüten sind aber die perlschnurartig
eingeschnürten Früchte. Sie enthalten bis zu
zehn ölreiche Samen. Vieles spricht dafür,
dass der Hederich die Wildform des Kultur-
rettichs und des Radieschens ist. Sicher ist er
aber mit diesen verwandt. Beide Pflanzen
wurden schon im Altertum angebaut.

MÄRZ

APRIL

MAI

JUNI

JULI

AUG.

SEPT.

DAUERBLÜHER

Echtes Seifenkraut
Saponaria officinalis

In ganz Europa und Asien wächst eine Pflanze, die den Menschen sicher schon dreitausend Jahre begleitet. Man wusch sich mit ihren Blättern, und aus ihren Wurzeln kochte man ein Mittel zum Reinigen von Kleidern. Man verwendete es auch zum Entfetten von Wolle und zum Bleichen von Garn. Schon wenn man ein Blatt im kalten Wasser mit den Fingern zerreibt, beginnt es zu schäumen. Deswegen hieß die Pflanze in Mähren „Ant'en soaf". Der Begriff „Entenseife" sollte andeuten, dass es sich um eine billige Seife handelt, die überall in der Natur zu finden ist. In Albanien nennt man das Seifenkraut „Kuckucksseife", weil sich angeblich der Kuckuck damit wäscht.

Juli – September
30 – 60 cm

Merkmale
Blätter gegenständig, eiförmig, mit 3–5 kräftigen, von der Basis zur Spitze durchlaufenden Adern; 5 Kelchblätter, die zu einer Röhre verwachsen sind; Blüten weiß oder rosa, in Büscheln am Stängelende.

Vorkommen
Ursprünglich eine Pflanze der kiesigen Flussufer, heute häufig an Straßen- und Wegrändern, auf Bahndämmen; wärmeliebend.

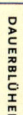

MÄRZ

APRIL

MAI

JUNI

JULI

AUG.

SEPT.

DAUERBLÜHER

Juni – September

40 – 100 cm

Merkmale
Mehrjährige Pflanze mit
kantig gefurchtem Stängel;
Blätter einfach gefiedert,
bestehen aus 3–9 ovalen,
grob gezähnten Teilblätt-
chen; Blütendolde aus 9–15
dünnen Blütenstrahlen,
Einzelblüten weiß oder
rosa.

Vorkommen
Fettwiesen in feuchter Kli-
malage; braucht feuchte,
gut gedüngte Lehmböden;
weit verbreitet vor allem im
Gebirge; Nährstoffzeiger.

Große Bibernelle
Pimpinella major

Diese Pflanze mit dem scharfkantigen,
gefurchten Stängel ist über weite Teile Europas verbreitet. Im Norden erreicht sie Süd-
skandinavien, im Süden die Stiefelspitze
Italiens. Nur im Südosten fehlt sie. Sie war
früher in der Volksheilkunde das Mittel zum
Gurgeln bei Halsbeschwerden. Und noch
heute sind ihre Wirkstoffe in einem bekannten Hustenmittel enthalten. Ihr ätherisches
Öl, nach der Pflanze Pimpinellin benannt,
ist in der möhrenförmigen Wurzel enthalten.
Die auf Wiesen mit feuchtem Untergrund
häufige Große Bibernelle und die nahe verwandte Kleine Bibernelle von den Trockenrasen der Mittelgebirge haben dieselben
medizinischen Eigenschaften.

194

Wald-Engelwurz
Angelica sylvestris

So groß wie zwei Handteller sind oft ihre Blütendolden. Und wenn die Pflanze in nassen Wiesen oder im feuchten Auwald dichte Bestände bildet, dann sieht es aus, als wären Hunderte von weißen Regenschirmen aufgespannt. Häufig bildet die Wald-Engelwurz diese großen Bestände aus, wenn eine feuchte Wiese nicht mehr gemäht wird. In ihren Blattscheiden sammelt sich oft etwas Regenwasser. In diesen Miniaquarien fand man eine eigene Lebewelt aus winzigen Tieren, die nur unter dem Mikroskop sichtbar werden: Wimpertierchen, Rädertierchen und viele andere. In der Schweiz verwendeten die Kuhhirten die hohlen Stängel als eine Art Trompete.

MÄRZ
APRIL
MAI
JUNI
JULI
AUG.
SEPT.
DAUERBLÜHER

Juli – September
50 – 200 cm

Merkmale
Eine der größten heimischen Stauden; Stängel rund, hohl, fein gerillt; sehr große, 2–3-fach gefiederte Blätter, Blattscheiden blasig aufgetrieben; Blütendolden mit 20–40 Strahlen, Einzelblüten weiß oder rosafarben.

Vorkommen
Vor allem auf feuchten Wiesen, auch in Bruch- und Auwäldern, auf Waldlichtungen; sehr häufig.

MÄRZ

APRIL

MAI

JUNI

JULI

AUG.

SEPT.

DAUERBLÜHER

Juli – September

40 – 90 cm

Merkmale
Stängel oben drüsig
behaart; Blätter gegenständig, mit auffälligen Längsadern; intensiv duftende
Blüten, öffnen sich erst
nachmittags, Kronblätter
tief 2-geteilt, zweihäusig,
weibliche Blüten mit bau-
chigem, männliche mit
walzenförmigem Kelch.

Vorkommen
Wegränder, Böschungen,
Schuttplätze; braucht nährstoffreiche Böden; wärme-
liebend.

Weiße Lichtnelke
Silene latifolia

Besonders im Mittelmeergebiet hat die Gattung *Silene* aus der Familie der Nelken-
gewächse viele Arten. Unsere Weiße Lichtnelke beginnt erst am späten Nachmittag
intensiv zu duften und öffnet auch erst dann
ihre Blüten. Sie werden vor allem von Nacht-
faltern besucht. Früher trug die Lichtnelke
den auch heute noch gebräuchlichen Namen
„Leimkraut" nach einem klebrigen Ring
knapp unter den Blüten. Dieser von kleinen
Drüsenhaaren abgesonderte Klebstoff hin-
dert Ameisen daran, die Blüten zu besteigen
und den Nektar zu stehlen. Die verwandte
Rote Lichtnelke hat sich den Tag als Blühzeit
gewählt. Manchmal gibt es Kreuzungen zwischen beiden Arten.

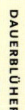

MÄRZ
APRIL
MAI
JUNI
JULI
AUG.
SEPT.
DAUERBLÜHER

Gewöhnliche Zaunwinde
Calystegia sepium

Wie Pflanzen in Aktion sein können, zeigt
die Zaunwinde sehr anschaulich. Ihre Stängelspitzen vollführen kreisende Bewegungen
gegen den Uhrzeigersinn. Damit suchen sie
an anderen Pflanzen Halt und umwinden
sie. Eine Runde dauert etwa zwei Stunden.
Auch die Blätter sind in Bewegung. Sie richten sich ständig nach der Sonne aus, um
eine bestmögliche Lichtausnutzung zu erreichen. Und schließlich öffnen und schließen
sich die großen Trichterblüten, die auf einen
Spezialisten aus der Schmetterlingswelt warten: Nur der Windenschwärmer kann mit
seinem acht Zentimeter langen Rüssel den
Kelchgrund erreichen. Fehlt der Schmetter-
ling, bestäubt sich die Zaunwinde selbst.

Juni – September
100 – 300 cm

Merkmale
Linkswindende Kletter-
pflanze mit großen, trich-
terförmigen Blüten; Blätter
wechselständig, gestielt,
4–12 cm lang und etwa halb
so breit, pfeilförmig; Blüten
weiß oder rosa, auch weiß-
rosa gestreift, sind meist
nach einem Tag schon ver-
blüht.

Vorkommen
Vor allem auf frischen,
nährstoffreichen Böden an
Wegen und Zäunen, an
Bahndämmen; sehr häufig.

MÄRZ

APRIL

MAI

JUNI

JULI

AUG.

SEPT.

DAUERBLÜHER

Juni – September

10 – 50 cm

Merkmale
Der typische Kamillenduft
fehlt; Stängel meist reich
verzweigt; Blätter wechselständig, 2–3-fach gefiedert;
Blütenkörbchen einzeln am
Stängelende, bestehen aus
weißen, flach ausgebreiteten Zungenblüten und
gelben Röhrenblüten.

Vorkommen
Äcker, Wegränder; gern
auf nährstoffreichen, aber
kalkarmen Böden; wärme-
liebend; Versauerungs-
zeiger.

Acker-Hundskamille
Anthemis arvensis

Oft wird dieser Korbblütler mit der sehr ähnlichen Echten Kamille verwechselt. Doch das
lässt sich schnell ändern. Wer einen Blütenstand halbiert, findet den ovalen Blütenboden mit Mark gefüllt. Bei der Echten Kamille
ist er hohl. Die Acker-Hundskamille ist
schon lange ein Kulturbegleiter und gleichzeitig ein gefürchtetes Ackerunkraut. Meistens wurde sie durch den Menschen mit der
Ackererde verbreitet. Aber auch viele Weide-
und Wildtiere tragen sie weiter, denn diese
Kamille ist ein „Klebhafter". Kleine Höcker
auf den Früchten sondern einen Klebstoff
ab, mit dem sie am Tierfell haften bleiben.
Der uncharmante deutsche Name bedeutet
„häufig wie ein Hund".

MÄRZ
APRIL
MAI
JUNI
JULI
AUG.
SEPT.
DAUERBLÜHER

Geruchlose Kamille
Tripleurospermum perforatum

Die verschiedenen Kamillenarten sind nur schwer auseinander zu halten. Doch bei dieser Art helfen drei Merkmale, die leicht festzustellen sind. Zunächst entscheidet die Nase, ob diese Kamille duftet. Sie tut es nicht. Dann ergibt eine Halbierung der Blüte, dass das Blütenköpfchen mit Mark gefüllt ist, also keinen hohlen Blütenboden besitzt wie die Echte Kamille. Zum Dritten hilft uns die Wuchsform weiter. Mit meist 60 Zentimetern Höhe fällt sie deutlich aus dem Rahmen der anderen, meist kleineren Kamillenarten. So ist die Pflanze als Geruchlose Kamille zu identifizieren. Für Heilzwecke ist sie nicht einsetzbar. Eine salzverträgliche Rasse findet man an den Stränden.

Juni – September
20 – 80 cm

Merkmale
Einjährige, fast geruchlose Pflanze; der Echten Kamille sehr ähnlich, aber im Unterschied zu dieser mit markigem Blütenboden; Stängel im oberen Bereich reich verzweigt; Blätter 2–3-fach gefiedert; Blütenköpfchen mit weißen Zungenblüten und gelben Röhrenblüten.

Vorkommen
In den Unkrautgesellschaften der Äcker, Wegränder und Schuttplätze.

MÄRZ

APRIL

MAI

JUNI

JULI

AUG.

SEPT.

DAUERBLÜHER

Juni – September
5 – 40 cm

Merkmale
Stängel sehr kurz, meist filzig behaart; Blätter silbergrau, dornig, tief eingebuchtet; großer Blütenkopf, der außen von stacheligen und innen von silbrigen, schmalen Hüllblättern eingerahmt ist.

Vorkommen
Sommerwarme, trockene Magerwiesen, Wegränder; im gesamten Alpenraum bis in Höhen von 2700 m verbreitet; geschützt.

Silberdistel
Carlina acaulis

Wie eine große Distelblüte ohne Stiel, so breitet sich die Silberdistel oft dicht am Boden aus. Diese geschützte Gebirgspflanze kommt auch auf steilen Hängen und schafbeweideten Magerrasen noch recht häufig vor. Zur Blütezeit sind die inneren Hüllblätter schon abgestorben und glänzen in der Sonne silbrig weiß. Bei Feuchtigkeit schließt sich die Blüte, bei Trockenheit öffnet sie sich wieder. Weil man mit den Bewegungen ihrer Hüllblätter feuchtes oder trockenes Wetter vorhersagen konnte, wurde die Silberdistel zur „Barometerwurz" oder „Wetterdistel". Auch in der Tierheilkunde wurde die Pflanze oft eingesetzt, zum Beispiel als Pulver, um junge Pferde zu stärken.

MÄRZ
APRIL
MAI
JUNI
JULI
AUG.
SEPT.
DAUERBLÜHER

Wiesen-Schafgarbe
Achillea millefolium

Übersetzt man den wissenschaftlichen Namen der Wiesen-Schafgarbe wörtlich, würde sie „tausendblättriger Schmerzvertreiber" heißen. Die altbewährte Heilpflanze wird gern von Schafen gefressen, wächst auf Schafweiden auch leicht wieder nach. Häufig wird sie wegen ihres Blütenstands für einen Doldenblütler gehalten, gehört jedoch zu den Korbblütlern. Mit der Lupe erkennt man, dass jedes Köpfchen fünf weiße Zungenblüten und mehrere Röhrenblüten hat. Wegen der ätherischen Öle in den Blättern, die angenehm würzig wahrzunehmen sind, wenn man die Blättchen zwischen den Fingern zerreibt, lässt sich die Schafgarbe ähnlich wie die Echte Kamille einsetzen.

Juni – September
15 – 60 cm

Merkmale
Mehrjährige, aromatisch duftende Pflanze; Stängel kantig, in Bodennähe kahl; oben dicht behaart; längliche Blätter, wechselständig, regelmäßig gefiedert; Blüten weiß, bilden einen doldenähnlichen Blütenstand.

Vorkommen
Auf Wiesen, an Feldrainen und Wegrändern; gern auf stickstoffhaltigen Böden; sehr häufig, heute weltweit verbreitet.

MÄRZ

APRIL

MAI

JUNI

JULI

AUG.

SEPT.

DAUERBLÜHER

Juni – September
5 – 30 cm

Merkmale
Stängel hart; Blätter graugrün, 3-teilig, Teilblättchen
etwa 2 cm lang, schmal;
charakteristische weichhaa-
rige, walzenförmige Blütenköpfe, 1–2 cm lang, erin-
nern an Weidenkätzchen,
Einzelblüten sehr klein, erst
weiß, später hellrosa.

Vorkommen
Kalkarme, sandige Böden
von Äckern, Wegrändern
und Böschungen; auch auf
den Dünen in Küstennähe;
im Norden häufiger.

Hasenklee
Trifolium arvense

Die flaumigen Blütenstände des Hasenklees
haben die Fantasie der Menschen schon
immer angeregt. Wenn man sie durch die
Hand gleiten lässt, fühlen sie sich weich wie
eine Hasenpfote an, wie Katzenfell oder wie
eine Maus. Und dementsprechend wurde die
Pflanze „Hasenklee" oder volkstümlich „Kat-
zenklee" und „Mäuseklee" genannt. Die typischen eiförmigen Blütenköpfe stehen senkrecht auf den Stängeln und die Kelche mit
ihren federartig behaarten Zähnchen sind an
die Windverbreitung angepasst. Wo der
Wind reichlich weht und sandige Äcker aus
der Nutzung genommen sind, blüht der
Hasenklee noch häufig, so an den Dünen der
Nordsee auf den nordfriesischen Inseln.

Tüpfel-Johanniskraut
Hypericum perforatum

Fast überall in der Welt wächst das Tüpfel-Johanniskraut an warmen ungemähten Stellen, so unter Hecken, in Heiden und in lichten Wäldern. Diese Pflanze ist trocken-liebend und ausdauernd. Weil ihre Stängel derb und hart sind, heißt sie unter anderem auch „Hartheu". Zur Blütezeit wird die gesamte Pflanze arzneilich genutzt. Sie ent-hält eine Reihe antibakterieller Substanzen. Leider machen diese Tier und Mensch licht-empfindlich. Häufig findet man auf der Pflanze orange und schwarz geringelte Rau-pen. Sie gehören zum Jakobskrautbär. Nach heutiger Meinung leitet sich der Name *Hypericum* vom griechischen *hyper eikona* ab, übersetzt: „gegen Spuk und Geister".

MÄRZ

APRIL

MAI

JUNI

JULI

AUG.

SEPT.

DAUERBLÜHER

Juni – September
30 – 60 cm

Merkmale
Stängel zweikantig, derb und hart, mit Mark gefüllt; Blätter gegenständig, klein, oval, durchscheinend punk-tiert; goldgelbe Kronblätter, die am Rand schwarz punk-tiert sind; Staubblätter stehen in 3 Büscheln zu-sammen.

Vorkommen
Magerwiesen, Heiden, Böschungen, Wegränder; meist auf trockenen Böden; Magerkeitszeiger; in Euro-pa überall häufig.

MÄRZ

APRIL

MAI

JUNI

JULI

AUG.

SEPT.

DAUERBLÜHER

Juli – September
20 – 50 cm

Merkmale
Kräftiger aufrechter Stängel; dicke, fleischige, graugrüne Blätter, am Rand leicht gezähnt, fettig glänzend, vorwiegend wechselständig; Blüten gelbgrün, aber auch purpurn, in dichten Büscheln an den Stängelenden.

Vorkommen
Gebüschränder, Geröllhalden, Gestrüpp, steinige Äcker; gern auf sandigen oder steinigen, aber nährstoffreichen Böden; häufig.

Große Fetthenne
Sedum telephium

Trocken und sandig muss der Standort sein, dann wächst die Große Fetthenne. Oft verleiht sie im Sommer Feldhecken und Steinwällen ihre Farbe. Schon auf den ersten Blick erkennt man ihre Anpassungen an Trockenheit. Die dicken, fleischigen Blätter können viel Wasser speichern und schützen sie so vor dem Welken. Die Große Fetthenne hat wie alle Pflanzen an trockenen Standorten noch einen Weg, sparsam mit dem lebensnotwendigen Wasser umzugehen. Wird es knapp, schließt sie die Spaltöffnungen ihrer Blätter und setzt so die Verdunstung herab. Weil sich Bauern früher Teile der Blatthaut auf die Hühneraugen legten, heißt die Pflanze auch „Hühneraugenkraut".

Gewöhnlicher Odermennig
Agrimonia eupatoria

Mit Ausnahme der südlichen Mittelmeerländer ist der Odermennig über fast ganz Europa verbreitet. Halbtrockenrasen mit vielen Schlehenhecken, aber auch Weg- und Waldränder sind sein bevorzugter Lebensraum. Dort steht die rauhaarige Pflanze kerzengerade und wird bis zu 60 Zentimeter hoch. Nur drei Tage blüht eine Einzelblüte an der langen Ähre. Aber da an einer Ähre viele Blüten stehen, die sich von unten nach oben öffnen, schafft es der Odermennig, rund zehn Wochen zu blühen. Mit seinen Blüten färbte man früher Wolle gelb. Der Artname *eupatoria* soll an König Mithridates Eupator erinnern, der um 100 v. Chr. viele Heilkräfte von Pflanzen entdeckte.

Juni – September

30 – 60 cm

Merkmale
Stängel aufrecht, behaart; Blätter gefiedert, große und kleine Fiederblättchen wechseln sich ab; kleine, gelbe, sternförmige Blüten, bilden eine lange Ähre, Kronblätter fallen schnell ab; Früchte mit abstehenden gekrümmten Borsten, haften wie Kletten.

Vorkommen
Weit verbreitet in Magerrasen, an Gebüschrändern und Wegböschungen; gern auf Kalk und Lehm.

MÄRZ

APRIL

MAI

JUNI

JULI

AUG.

SEPT.

DAUERBLÜHER

Juli – September

50 – 180 cm

Merkmale

Zweijährige Pflanze, Stängel selten verzweigt; Blätter von einem dichten weißen, wolligen Filz überzogen, die Ränder der oberen Blätter laufen am Stängel herab; dicht gedrängte kleine, gelbe Blüten bilden einen lang gestreckten, ährenartigen Blütenstand.

Vorkommen

Liebt Sonne und Wärme; wächst an Schuttplätzen, in Steinbrüchen, auf Waldlichtungen.

Kleinblütige Königskerze
Verbascum thapsus

Die Kleinblütige Königskerze oder „Wollblume" besitzt weiche, samtige Blätter. Im Sommer bildet sie viele gelbe Blüten, die sich vor allem am oberen Stängelende dicht an dicht drängen. Diese Blüten öffnen sich nicht von unten nach oben, sondern immer über die Ähre verteilt. Die Königskerze braucht viel Sonne und Wärme. Dann blüht sie an den kargsten Stellen: An Felsen, Abraumhalden und steinigen Böschungen. Sie ist eine zweijährige Pflanze, das heißt, sie braucht zwei Jahre bis zur Blüte. Im ersten Jahr bildet sie nur eine Blattrosette. Sehr ungewöhnlich ist die hohe Zahl an Samen, die eine einzige Pflanze hervorbringt: Man schätzt sie auf 700 000.

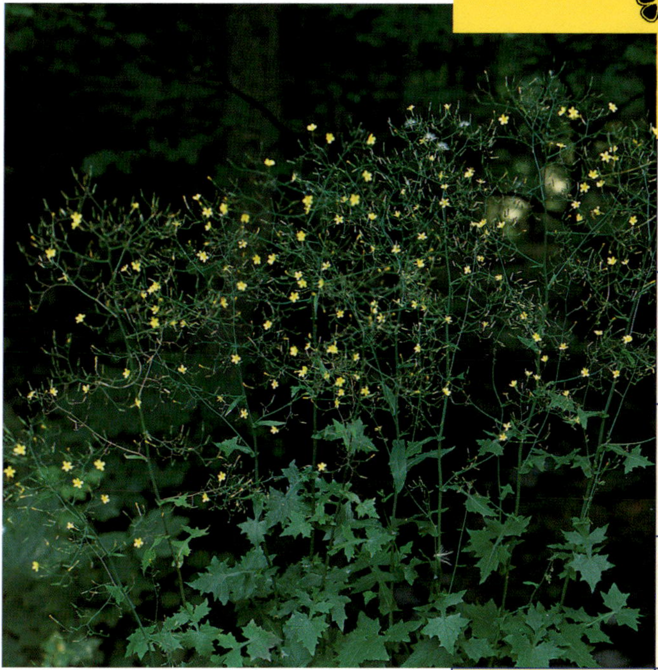

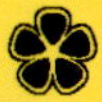

MÄRZ APRIL MAI JUNI JULI AUG. SEPT. DAUERBLÜHER

Mauerlattich
Mycelis muralis

Oft übersehen und doch interessant: Das ist der Mauerlattich, der in feuchten Wäldern und vor allem an alten Mauern blüht. Er ist leicht zu erkennen, weil in seinen gelben Körbchenblüten nur fünf Zungenblüten stehen, während es bei anderen Korbblütlern oft viele Hunderte sind. Nach der lateinischen Bezeichnung *lac* für Milch nannte man früher die ganze Gattung *Lactuca,* denn ihre Mitglieder enthalten Milchsaft. Der Name *Lactuca* verrät noch mehr: Auch unser Kopfsalat hat den wissenschaftlichen Namen *Lactuca sativa*. Diese Kultursorte wurde allerdings aus dem Kompasslattich gezüchtet, einer westasiatischen Steppenpflanze, die bei uns sporadisch in Städten vorkommt.

Juli – September
25 – 80 cm

Merkmale
Pflanze mit weißem Milchsaft; Stängel aufrecht, im oberen Teil reich verästelt; dünne, blaugrüne Blätter, oft rot oder braunviolett überlaufen, grob gezähnt; blassgelbe Körbchenblüten bilden einen lockeren rispenartigen Blütenstand.

Vorkommen
Schattige Mauern, Steinschutthalden, auch auf feuchten Waldlichtungen; in fast ganz Europa häufig.

MÄRZ

APRIL

MAI

JUNI

JULI

AUG.

SEPT.

DAUERBLÜHER

Juli – September

50 – 150 cm

Merkmale

Stängel erst im Bereich des Blütenstandes verzweigt, unten kahl, oben mit gelben Drüsenhaaren besetzt; Blätter glänzend grün, am Rand stachelig gezähnt; Blütenkörbchen besteht nur aus Zungenblüten, öffnet sich nur bei sonnigem Wetter.

Vorkommen

In Unkrautgesellschaften an Weg- und Ackerrändern, auch auf Schutt; stets auf nährstoffreichen Böden.

Acker-Gänsedistel
Sonchus arvensis

Es gibt drei häufige Arten von Gänsedisteln, die einander ähneln. Alle haben gelbe Blüten und wachsen auf Brach- und Kulturland. Sie enthalten Milchsaft, der herausquillt, wenn man einen Stängel anschneidet. Die Acker-Gänsedistel ist nur im Bereich des Blüten-standes verzweigt. Ihre Blätter umfassen den Stängel, möglicherweise, um kletternden Insekten den Aufstieg zu den Blüten zu erschweren. Diese öffnen sich frühmorgens und schließen sich wieder um die Mittags-zeit. Sie erwarten früh fliegende Bienenver-wandte. Die weißen haarigen Fruchtstände erinnern an einen kleinen Löwenzahn. Die braunen Samen tragen einen Haarkranz, der sie im Wind fortträgt.

MÄRZ

APRIL

MAI

JUNI

JULI

AUG.

SEPT.

DAUERBLÜHER

Gewöhnlicher Beifuß
Artemisia vulgaris

„Vor Beifußpollen wird gewarnt!" So klingt es häufig aus dem Radio, wenn der Beifuß blüht. Und Allergiker leiden. Diese Pflanze steht massenhaft an jedem Straßenrand. Man kann ihr einfach nicht entkommen. Ihre Blüten sind klein und unscheinbar und nur mit der Lupe als Körbchenblüten zu erkennen. Eine einzige Pflanze entwickelt daraus jährlich etwa 700 000 Früchte. Kaum vorstellbar, wie groß die Pollenzahl sein muss. Der eigenartige Pflanzenname stammt vielleicht von der erfrischenden Wirkung der Beifußblätter im Schuh. Man sollte sich im Herbst rechtzeitig einen Trockenstrauß in die Küche holen, denn ein Gänsebraten braucht dieses Gewürz.

Juli – September
30 – 150 cm

Merkmale
Reich verzweigte, unangenehm riechende Pflanze; Stängel kantig gefurcht, oft rot überlaufen; Blätter oben dunkelgrün und kahl, unten weißfilzig; viele kleine, eiförmige, bräunlich gelbe Blütenköpfchen stehen an den Ast- und Stängelspitzen.

Vorkommen
Weit verbreitete Pflanze, bildet dichte Bestände an Wegrändern, auf Schutt- und Müllplätzen.

MÄRZ

APRIL

MAI

JUNI

JULI

AUG.

SEPT.

DAUERBLÜHER

Juni – September
15 – 75 cm

Merkmale
Ganze Pflanze drüsig-kleb-rig, riecht sehr unange-nehm; Blätter tief einge-schnitten, schütter behaart; gelbe Blütenköpfchen mit kurzen, zurückgerollten Zungenblüten; Früchtchen mit weißem Haarkranz.

Vorkommen
Wächst überall an Bahn-dämmen, Straßen- und Wegrändern, in Steinbrü-chen, auf Schuttplätzen und Kahlschlägen; Pionier-pflanze auf Steinschutt.

Klebriges Greiskraut
Senecio viscosus

Bleibt eine Baustelle einige Zeit liegen, kommt sicher sehr bald das Klebrige Greis-kraut. Die kleine kräftige Pflanze ist eine Pio-nierart von Ruderalstellen wie wenig befah-renen Bahndämmen und Schutthalden. Sie ist klebrig, weil solche trockenen Biotope auch von vielen Ameisenarten besiedelt wer-den, die in den lockeren Sandböden ihre unterirdischen Nester bauen. Sie würden der Pflanze schnell den Nektar aus den Blüten stehlen, wären die Stängel nicht klebrig und damit unüberwindbar. Wie alle erfolgreichen Unkräuter produziert dieses Greiskraut sehr viele Früchte. An einer 75 Zentimeter hohen Pflanze zählte man 426 Blütenkörbchen mit über einer Viertelmillion Einzelfrüchten.

MÄRZ

APRIL

MAI

JUNI

JULI

AUG.

SEPT.

DAUERBLÜHER

Kohl-Kratzdistel
Cirsium oleraceum

Wer Disteln automatisch mit trockenen Ödflächen verbindet, muss hier umdenken. Die Kohl-Kratzdistel wächst auf feuchten Wiesen, entlang von Bachufern, in Gräben und Sümpfen. Dort bildet sie reine und hohe Bestände aus. Manchmal reichen die Blütenkörbchen bis in Kinnhöhe. In den Blütenböden entwickelt sich eine reiche Insektengemeinschaft. Als Gemüsepflanze ist diese Distel besonders in Russland bekannt. Bei uns wurde sie nur gelegentlich in Hungerzeiten als „Kohldistel" verwendet. Es waren die jungen Grundblätter, die man vom Saarland bis nach Schleswig-Holstein wie Kohl dünstete. Auch als Viehfutter ließ sie sich verwenden, da sie ein wenig süß schmeckt.

Juni – September
30 – 150 cm

Merkmale
Stängel gefurcht, trägt nur wenige Blätter; Stängelblätter tief eingeschnitten, weich, stachelig bewimpert; hellgelbe Blütenköpfe, zu mehreren dicht gedrängt an der Stängelspitze, von großen, bleichen, kohlblattähnlichen Hochblättern umgeben.

Vorkommen
Feuchte Wiesen, Gräben, Sümpfe; allgemein verbreitet an nährstoffreichen, nassen Standorten.

MÄRZ

APRIL

MAI

JUNI

JULI

AUG.

SEPT.

DAUERBLÜHER

Juli – September
40 – 150 cm

Merkmale
Wintergrün; Stängel holzig, kantig; Blätter unten gestielt, oben stängelumfassend, wechselständig, fein zerteilt, sehen aus wie Farnblätter; schirmartiger Blütenstand aus gelben, knopfartigen Blütenkörbchen, die unangenehm riechen.

Vorkommen
In ganz Europa verbreitet an Wegrändern, auf Schutt; braucht sommerwarme, nicht zu trockene Böden.

Rainfarn
Tanacetum vulgare

„Wie eine gelbe Grenzfahne, die auf dem Ackerrain wächst", so lautet die Übersetzung des althochdeutschen *reinfano*. Der Rainfarn wächst hoch hinaus und sein schirmartiger Blütenstand ist monatelang sichtbar. Über ganz Europa ist er verbreitet und von der Ebene bis in mittlere Gebirgslagen zu finden. Zusammen mit dem Beifuß bildet er oft eine Pflanzengemeinschaft, die man als Rainfarn-Beifuß-Gestrüpp bezeichnet. Der Rainfarn hat einen eigenartig kampferähnlichen Geruch, der von Inhaltsstoffen wie dem Thujon herrührt. In die Hundehütte gelegt soll er Flöhe vertreiben. Auch im Biogarten kann er helfen. Ein Aufguss seiner Blätter vertreibt Blattläuse und Milben.

MÄRZ

APRIL

MAI

JUNI

JULI

AUG.

SEPT.

DAUERBLÜHER

Raue Gänsedistel
Sonchus asper

Man muss nicht weit gehen, um die Raue Gänsedistel zu finden. Sie steht nahezu in jedem Rüben- und Kartoffelfeld und sehr oft wächst sie mit der Strahlenlosen Kamille und dem Floh-Knöterich zusammen. Die aufrechte Pflanze hat nur wenige Seitentriebe. Auch eine Berührung hilft bei der Bestimmung: Ihre Blätter sind zwar stachelig gezähnt, aber nicht schmerzhaft stechend wie bei den eigentlichen Disteln. An einer einzigen Pflanze zählte man 55000 Früchte, die der Wind im weiten Umkreis verbreitet. Kein Wunder, dass diese Pflanze weltweit vorkommt. Ihre zarten jungen Blätter wurden früher als Gemüse gedünstet. Ebenso sind sie ein gutes Viehfutter.

Juni – September
30 – 80 cm

Merkmale
Einjährige Pflanze mit weißem Milchsaft; Stängel hohl; Blätter dunkelgrün, derb, glänzend, stachelig gezähnt; Blütenköpfe aus vielen gelben Zungenblüten, Blütenhüllblätter grün, dreieckig; braune Frucht mit einem Kranz langer weißer Haare.

Vorkommen
Weit verbreitetes Unkraut in Äckern mit Hackfrüchten, in Gärten, an Wegen und auf Schuttplätzen.

MÄRZ APRIL MAI JUNI JULI AUG. SEPT. DAUERBLÜHER

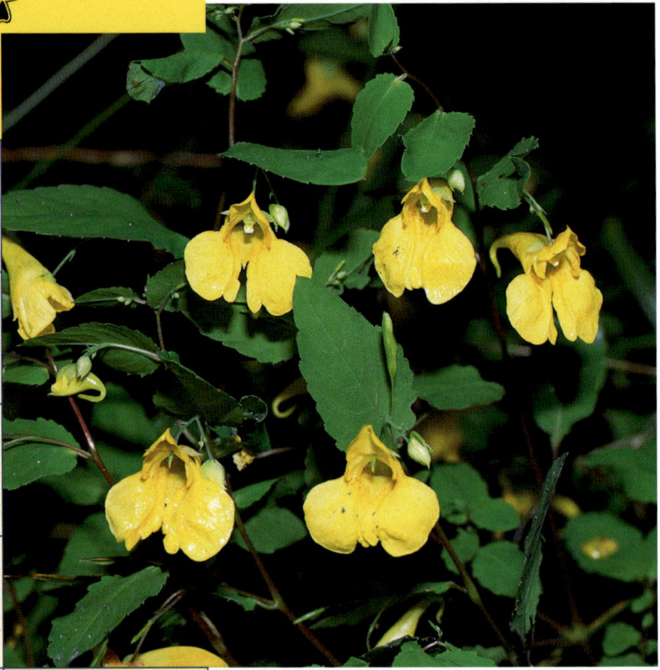

Juli – September
50 – 80 cm

Merkmale
Stängel glasig durchscheinend; Blätter wechselständig, eiförmig, gezähnt; große, zitronengelbe, hängende Blüten mit abwärts gekrümmtem Sporn, der von einem ebenfalls gelb gefärbten Kelchblatt gebildet wird.

Vorkommen
Wächst häufig in Laubwäldern mit hoher Luft- und Bodenfeuchtigkeit; typische Schattenpflanze; in den Alpen bis 1300 m Höhe.

Großes Springkraut
Impatiens noli-tangere

Bei jedem Waldspaziergang zieht uns das Springkraut magisch an. Zu eindrucksvoll ist dieses Gewächs mit dem glasartig durchschimmernden Stängel und den goldgelben Blüten. Schon während der Blüte tragen die Pflanzen längliche Früchte, die es in sich haben. Es sind Kapseln, die vom Druck ihres Zellsaftes so gespannt sind, dass sie bei Berührung blitzschnell aufplatzen. Dabei werden die Samen mehrere Meter weit weggeschleudert. Es ist sehr beeindruckend zu erleben, zu welch schnellen Bewegungen diese Blume in der Lage ist. „Flitschblümchen“ heißt sie deshalb im Rheinland. Neuerdings gibt es bei uns auch ein großblütiges Springkraut aus Japan.

MÄRZ

APRIL

MAI

JUNI

JULI

AUG.

SEPT.

DAUERBLÜHER

Frauenflachs
Linaria vulgaris

Unsere weiblichen Vorfahren kannten den Frauenflachs ganz genau, denn sie blondierten sich mit einem Sud der gelben Blüten die Haare. Im Mittelalter benutzte man diesen Pflanzensaft auch als Gesichtswasser. Nach der Ähnlichkeit seiner Blätter mit denen des Lein hat der Frauenflachs heute den wissenschaftlichen Namen *Linaria vulgaris*. Seine Blütenfarbe schwankt zwischen hell- und goldgelb, die Blüten einer Pflanze produzieren rund 30 000 Samen. Gelingt es einem auszukeimen, gelangt die Jungpflanze im ersten Jahr nicht zum Blühen. Sie entwickelt zunächst unterirdisch ein umfangreiches Wurzelwerk. Erst im zweiten Jahr bildet sie viele blühende Triebe.

Juni – September
20 – 60 cm

Merkmale
Viele dicht stehende, lange, schmale Blätter; Blüten bilden eine dichte endständige Traube, Kronblätter zu einer Röhre verwachsen, Oberlippe 2-zipfelig, Unterlippe 3-zipfelig, die Kronröhre läuft in einen langen Sporn aus.

Vorkommen
Sonnige Weg- und Ackerränder, Kahlschläge, Steinbrüche, Schuttplätze; weit verbreitet auf sandigen, steinigen Böden.

215

MÄRZ

APRIL

MAI

JUNI

JULI

AUG.

SEPT.

DAUERBLÜHER

Mai – September
15 – 50 cm

Merkmale
Stängel fast kahl; Blätter gegenständig, lang gestreckt und schmal, gezähnt, sitzend; Blüten in den oberen Blattachseln; gelbe, zweilippige Blütenkrone, Schlund fast geschlossen.

Vorkommen
Halbschmarotzer; braucht torfig-lehmigen, feuchten Boden; besiedelt Sumpfwiesen und Flachmoore; bildet an seinen Standorten dichte Bestände.

Großer Klappertopf
Rhinanthus angustifolius

Hinter dem wissenschaftlichen Namen *Rhinanthus angustifolius* versteckt sich eine Reihe von verschiedenen Klappertopfsippen, die offensichtlich noch nicht ganz eindeutig unterschieden werden können. Man bezeichnet eine derartige Pflanze als Sammelart. Oft war es nur der Standort oder die Blühzeit, die zur Beschreibung von Sippen führte. Der Große Klappertopf blüht im Bergland auf grasigen Kalkhängen, manchmal in großen Mengen. Carl von Linné gab ihm 1735 einen Gattungsnamen, indem er zwei verschiedene griechische Begriffe kombinierte. So bedeutet *Rhinanthus* „Nasenblüte". Berühmt ist der Klappertopf wegen seiner Früchte. Zur Reifezeit klappert es beim Schütteln.

216

MÄRZ

APRIL

MAI

JUNI

JULI

AUG.

SEPT.

DAUERBLÜHER

Besenheide
Calluna vulgaris

Wo das „Heidekraut" in Massen wächst, ist der Boden mager und trocken. Aber auch warm müssen seine Standorte sein, wie es in den lichten Kiefernwäldern, den Mooren oder Eichen-Birkenwäldern West- und Mitteleuropas der Fall ist. Aus seinen elastischen Zweigen wurden früher Besen hergestellt, aus den Wurzeln Pfeifen geschnitzt. Die heutigen Pfeifen stammen allerdings von der Baumheide *Erica arborea* aus dem Mittelmeergebiet. Nachdem die Kiefernwälder um Lüneburg und Fallingbostel abgeholzt wurden, um Feuerholz zum Salzsieden zu gewinnen, entstanden dort riesige Heideflächen, die Lüneburger Heide. Heute wird die Heide vielerorts von Gräsern überwuchert.

August – September
10 – 50 cm

Merkmale
Niedriger Strauch mit vielen besenartigen Zweigen; Blätter schuppenartig; purpurrote Blütenglöckchen, sitzen alle an einer Seite des Stängels.

Vorkommen
Bodendeckende Pflanze von Eichen- oder Kiefernwäldern, tritt bestandsbildend und landschaftsprägend auch in Heiden und Moorgebieten auf; Spezialist für nährstoffarme, sandige und kalkfreie Böden.

MÄRZ

APRIL

MAI

JUNI

JULI

AUG.

SEPT.

DAUERBLÜHER

Juni – September

30 – 90 cm

Merkmale
Stängel aufrecht, kahl;
Blätter unpaarig gefiedert,
Teilblättchen gezähnt; winzige dunkelrote Blüten
bilden ein eiförmiges Blütenköpfchen.

Vorkommen
Pflanze feuchter Standorte;
besiedelt feuchte Mähwie-
sen und Moorwiesen, auch
Bergwiesen bis in Höhen
von 1200 m; tritt in fast
allen Landschaften Mitteleuropas in großen Bestän-
den auf.

Großer Wiesenknopf
Sanguisorba officinalis

Die feuchten Wiesen Mitteleuropas zeigen
während des ganzen Sommers einen wunderschönen braunroten Aspekt. Ein solches
Braunrot gibt es in der heimischen Blumen-
welt nur selten. Wegen dieser Blüten nannten wir Kinder die Zeit kurz vor der Heuernte die Zeit der „Schlotfegerle". Und es tat
uns immer ein wenig Leid, wenn die großen
Pflanzen mit den roten Bürsten, die aussehen wie die vom Schornsteinfeger, abgemäht
wurden. Die Bestimmung der kugeligen Blüten ist nicht leicht, weil so viele Einzelblüten
eng zusammen stehen. Aber mit einer Lupe
sieht man schnell die vier roten Blütenblätter. Auf trockenen Wiesen und Geröll wächst
der verwandte Kleine Wiesenknopf.

MÄRZ

APRIL

MAI

JUNI

JULI

AUG.

SEPT.

DAUERBLÜHER

Schmalblättriges Weidenröschen
Epilobium angustifolium

Wenn im Wald durch Sturm oder Abholzung Schneisen entstehen, blüht in den folgenden Jahren hier das Schmalblättrige Weidenröschen. Manchmal derart in Massen, dass die ganze Lichtung purpurrot leuchtet. Diese Pflanze ist ein ungewöhnlich schneller Pionier und daher auch die Charakterart der „Weidenröschen-Schlaggesellschaft". Mit Ausnahme der Mittelmeerregion kommt sie in ganz Europa vor. Die Samen in den langen Kapselfrüchten tragen einen Haarschopf. Pro Pflanze werden Hunderttausende von Flugsamen produziert. Die Samenwolle nutzte man in Notzeiten als Polstermaterial. Aus den getrockneten jungen Blättern wird der russische Tee Iwan-Tschai zubereitet.

Juni – August
50 – 150 cm

Merkmale
Stängel rund, meist unverzweigt; Blätter lang und schmal, ähnlich Weidenblättern, wechselständig, unterseits mit deutlich hervortretenden Adern; lockere Blütentrauben am Stängelende.

Vorkommen
Laub- und Nadelwälder, bevorzugt Waldränder und Kahlschläge; liebt nährstoffreiche, frische Lehmböden; Rohbodenpionier, Bodenfestiger.

MÄRZ

APRIL

MAI

JUNI

JULI

AUG.

SEPT.

DAUERBLÜHER

Juli – September

20 – 50 cm

Merkmale
Typischer Minzgeruch;
Stängel aufrecht, meist
rötlich; Blätter eiförmig,
gestielt, am Rand gesägt,
stehen gekreuzt gegenständig am Stängel; Blüten
bilden dichte rundliche
Blütenstände, die unteren
in den Achseln der Blätter,
die oberen an den Stängelspitzen.

Vorkommen
Am Ufer stehender oder
fließender Gewässer, in
Sümpfen und Röhricht.

Wasser-Minze
Mentha aquatica

Die Blüten der Wasser-Minze leuchten
unscheinbar auf den kräftig grünen Pflanzen. Man würde diese Blume leicht übersehen, hätte sie nicht so einen intensiven Duft.
Dieser frische Geruch ist jedem geläufig,
denn der Pfefferminztee stammt von einer
Kreuzung der Wasser-Minze mit der Grünen
Minze. Aber auch die Blätter der Wasser-
Minze kann man zu Tee verarbeiten. Verantwortlich für die Wirkung der Minze ist das
Gemisch aus Menthol, Menthon und Gerb-
stoffen. In kleinen Mengen ist es wohltuend
und bekömmlich, gefährlich aber in konzen-
trierter Form als Pfefferminzöl. Schon ein
Tropfen auf einer Kinderlippe kann schlimme Folgen haben.

Acker-Kratzdistel
Cirsium arvense

Ohne die zahlreichen Blüten der Acker-Kratzdistel wäre unsere Schmetterlingsfauna noch ärmer. Die langlebigen und häufigen Blüten bilden eines der wichtigsten Tankstellennetze für Tagfalter in unserer Landschaft. Das Erfolgsrezept dieser Distel, die unausrottbar und überall häufig ist, liegt in einer Doppelstrategie. Zum einen fliegen viele Früchte an einem Haarschirm kilometerweit. Zum anderen wurzelt die Pflanze unglaublich tief. Man fand noch Wurzeln in Tiefen von 2,8 Metern. Aus diesen Wurzeln treibt die Acker-Kratzdistel Ausläufer in die Umgebung. Zerteilt der Pflug das Wurzelsystem, können aus jedem noch so kleinen Teil neue Pflanzen wachsen.

Juli – September
50 – 120 cm

Merkmale
Mehrjährige Pflanze mit stark verzweigtem und reich beblättertem Stängel; Blätter tief eingeschnitten, am Rand meist gewellt und stachelig; Blütenköpfchen rosa bis violett, riechen süßlich moschusartig.

Vorkommen
Gefürchtetes Unkraut auf Äckern und Weiden; kann selbst aus kleinsten Wurzelstückchen neue Pflanzen austreiben; Stickstoffzeiger.

MÄRZ

APRIL

MAI

JUNI

JULI

AUG.

SEPT.

DAUERBLÜHER

Juli – September

50   130 cm

Merkmale
Aufrechte, rötliche, wollig behaarte Stängel; Blätter wechselständig, breit eiförmig, oben fast kahl, unten wollig behaart, Blattstiel hohl; Blütenköpfchen aus rotvioletten Röhrenblüten, von zahlreichen hakigen Hüllblättern umgeben.

Vorkommen
Häufig, fehlt aber in Gegenden mit rauem Klima; wächst auf Schutt- und Müllplätzen, an Straßenrändern.

Kleine Klette
Arctium minus

Zwei Klettenarten gibt es im ganzen nördlichen Europa. Beide sehen ähnlich aus und beide stehen an den gleichen Standorten. Das sicherste Unterscheidungsmerkmal liegt im Blattstiel. Der von der Kleinen Klette ist hohl, der andere markgefüllt. Wie wirkungsvoll Kletten für ihre Verbreitung sorgen, zeigt ein Blick auf die Blüten. Zahlreiche hakenförmige Hüllblätter umgeben die Blütenköpfchen. Sind die Früchte im Herbst reif, bleiben die Häkchen der Hülle im Tierfell oder in der Kleidung hängen. Reißt man sich los, schnellt die Pflanze zurück und schleudert dabei ihre Früchte meterweit. Aus den Samen gewinnt man das wertvolle Klettenöl zur Haarpflege.

MÄRZ
APRIL
MAI
JUNI
JULI
AUG.
SEPT.
DAUERBLÜHER

Gewöhnlicher Wasserdost
Eupatorium cannabinum

Für Tagschmetterlinge ist der Wasserdost ein wichtiges Ziel. Seine Blütenstände erzeugen viel Nektar. Gerade im August fliegt die zweite Generation des Tagpfauenauges und benötigt bestimmte Vitamine im Nektar zur Eireifung. Selten sieht man Falter so gierig saugen wie auf dieser Blume. Deshalb ist es empfehlenswert, den Wasserdost in einen Wildgarten zu pflanzen. Er braucht kalkhaltigen Boden und ziemlich viel Dünger. Wie viele Sumpfpflanzen ist er ein Stickstoffzeiger. Extrakte der Wurzeln werden heute in Präparaten zur Stärkung der körpereigenen Abwehrkräfte verwendet. Kinder rauchten früher Zigarren aus den Blättern. Die Folgen sind nicht überliefert.

Juli – September
70 – 150 cm

Merkmale
Große, aufrechte Pflanze mit rundem, behaartem, rötlichem Stängel; Blätter gegenständig, handförmig, in 3–5 Abschnitte geteilt; kleine Blütenköpfchen bilden einen doldenartigen Blütenstand an der Stängelspitze, aus den Blütenkronen schauen die Narben weit heraus.

Vorkommen
Auwälder und feuchte Waldlichtungen; liebt feuchte Böden.

MÄRZ

APRIL

MAI

JUNI

JULI

AUG.

SEPT.

DAUERBLÜHER

Juni – September

10 – 90 cm

Merkmale
Stängel aufrecht, kantig, rau; Blätter rauhaarig, an der Stängelbasis gelappt, im oberen Stängelbereich lang und schmal, meist ganzrandig; rotviolette Blütenköpfe mit strahlenförmigen, deutlich vergrößerten Randblüten.

Vorkommen
Magere Wiesen, Weiden, Wegränder, Feldraine; sehr genügsam, blüht sogar auf blankem Sand; durch Überdüngung zurückgedrängt.

Wiesen-Flockenblume
Centaurea jacea

Ihre schönen violetten Blüten reichlich auf der Wiese zu sehen, schätzt ein Landwirt nicht besonders. Die Wiesen-Flockenblumen sind hartstängelig und mit ihrem hohen Gerbstoffgehalt schlechte Futterpflanzen. Bei Düngereinsatz werden sie deutlich seltener. Weidetiere tragen die behaarten Früchte in ihrem Fell über die Wiesen. Aber die Samen werden auch mit dem Wind verbreitet. So wächst die Pflanze von der Ebene bis zur Laubwaldgrenze in fast ganz Europa. Nur in Südeuropa ist sie selten zu finden und in Irland fehlt sie ganz. Wer im Spätherbst die längst ausgefallenen Blütenkörbchen zerteilt, findet gelbliche Maden einer Mücke, die sich hier entwickeln.

Gewöhnlicher Dost
Origanum vulgare

Den Gewöhnlichen Dost findet man am
leichtesten mit der Nase. Wenn er im Sommer an sonnigen Hängen und Straßenböschungen blüht, ist die Luft von einem
kräftigen Geruch wie nach Pizza erfüllt.
Dafür wird zwar der nahe verwandte Majo-
ran verwendet, aber der Geruch ist kaum zu
unterscheiden. Um die Mittagszeit sondert
der Dost in den vielen Lippenblüten so reichlich Nektar ab, dass sich Honigbienen regel-
recht auf diese Pflanze stürzen. Der Nektar
enthält mit 76 Prozent ungewöhnlich viel
Zucker. Für Wildgärten ist die Pflanze sehr
zu empfehlen. Man kann die Blüten trocknen, um damit zu würzen, oder als entspan-
nenden Badezusatz verwenden.

Juli – September
20 – 50 cm

Merkmale
Mehrjährige Pflanze mit
herb-würzigem Geruch,
leicht zu erkennen am
umfangreichen, stark ver-
zweigten Blütenstand;
Blätter gegenständig, im
Bereich des Blütenstandes
oft rötlich überlaufen.

Vorkommen
Meist an trockenen, sonnigen Hängen, an Hecken-
rändern und Straßenbö-
schungen mit kalkhaltigem
Untergrund; in fast ganz
Europa verbreitet.

MÄRZ

APRIL

MAI

JUNI

JULI

AUG.

SEPT.

DAUERBLÜHER

Juli – September

10 – 40 cm

Merkmale
Aufrechte, grüne, 4-kantige
Stängel; breit eiförmige,
gestielte, wechselständige
Blätter, beidseitig behaart;
meist 8–12 kugelige Blütenstände, die in gewissen
Abständen in den Blattachseln stehen (nicht wie bei
der Wasserminze verdichtet
an den Stängelenden).

Vorkommen
Nasse Äcker, feuchte Wald-
wege, Gräben, Sümpfe;
Vernässungszeiger.

Acker-Minze
Mentha arvensis

Ein Blick auf den Stängel verrät die Acker-
Minze sofort. Von der Wurzel bis zur Spitze
stehen, in regelmäßigen Abständen aufge-
reiht, in den Blattachseln kugelige Blüten-
quirle. Es sind meist acht, höchstens jedoch
zwölf. Der Stängel schließt mit einem Blatt-
schopf ohne Blüten ab. Das unterscheidet
die Acker-Minze von den übrigen Minzen,
deren Blüten an der Stängelspitze sitzen.
Das zweite sichere Erkennungszeichen ist
der fehlende Minzgeruch. Ein zerriebenes
Blatt riecht nur einfach unangenehm scharf.
Auch wenn sie Acker-Minze heißt, kommt
die Pflanze heute im Ackerland kaum noch
vor. Häufiger steht sie auf unbewirtschafte-
ten feuchten Flächen.

Wilde Karde
Dipsacus fullonum

Diese bizarre Pflanze fällt sofort auf. An ihr ist alles stachelig. Der eiförmige Blütenstand ist von gebogenen Stachelblättern umgeben, am Stängel stehen die Stacheln reihenweise und selbst die Mittelrippe der Blätter ist unterseits mit Stacheln besetzt. Zur Blütezeit wartet die Wilde Karde mit einer weiteren Besonderheit auf: Der ovale Blütenkopf blüht von der Mitte aus nach oben und unten auf. Das stattliche Gewächs ist eine Zierde für jeden Garten. Das Wort „Karde" stammt vom altfriesischen Wort *carda* für „Werkzeug zum Rauen der Wolle". Doch dafür verwendete man *Dipsacus sativus,* die Echte Karde aus Südeuropa. Sie besitzt noch härtere Stachelblätter.

MÄRZ

APRIL

MAI

JUNI

JULI

AUG.

SEPT.

DAUERBLÜHER

Juli – August

50 – 200 cm

Merkmale
Stängel, Blätter und Stiele der Blütenköpfe stachelig; Blüten in großen, kegelförmigen Köpfen, umgeben von starren, stechenden, aufwärts gekrümmten Hüllblättern; Entfaltung der Einzelblüten beginnt in der Mitte des Blütenstandes.

Vorkommen
Braucht sonnige Standorte und frische, nährstoffreiche, lehmige Böden; wächst an Wegrändern, auf Schuttplätzen, an Ufern.

MÄRZ

APRIL

MAI

JUNI

JULI

AUG.

SEPT.

DAUERBLÜHER

Juli – September

20 – 50 cm

Merkmale

Stängel blattlos, oberhalb der Mitte reich verzweigt; löffelförmige Blätter, am Boden rosettenartig um den Stängel angeordnet; kleine, rötlich violette Blüten, in Zweierreihen an den Zweigenden angeordnet, bilden eine breite Blütenkrone.

Vorkommen

Verbreitet in den Salzwiesen der Nordseeküste, an der Ostsee nur vereinzelt anzutreffen; geschützt.

Gewöhnlicher Strandflieder
Limonium vulgare

Hallig Gröde in der Nordsee: Das Marschland, durchzogen von Gräben und Prielen, leuchtet mit einem rosa-violetten Schimmer. Flächendeckend blüht jetzt auf den Halligwiesen die „Bondestave", die Nationalblume der Friesen. Die Schafe weiden das Andelgras und lassen sie stehen. Zu ledrig sind ihre Blätter, zu viele Chlor- und Fluorsalze hat die Pflanze aus dem salzigen Boden aufgenommen, die sie als Kristalle an den Blättern wieder ausscheidet. Oft ist hier landunter und alle Halligwiesen werden vom Salzwasser überspült. Das halten nur wenige Pflanzen aus. Der Queller und der Strandflieder gehören dazu. Wind und Wellen verbreiten auch die kleinen Früchte.

MÄRZ
APRIL
MAI
JUNI
JULI
AUG.
SEPT.
DAUERBLÜHER

Kornblume
Centaurea cyanus

Der Name „Kornblume" findet sich in allen europäischen Sprachen wieder. Diese Pflanze war eines der bekanntesten Ackerunkräuter, und kornblumenblau war die sprichwörtliche Beschreibung einer Farbe. Mit der Saatgutreinigung und der Anwendung von Unkrautbekämpfungsmitteln in der Landwirtschaft wurde die Pflanze fast dramatisch selten. Doch seitdem Landwirte die teuren Herbizide sparsamer einsetzen und es auch eine biologisch-dynamische Landwirtschaft ohne chemische Dünge- und Spritzmittel gibt, kehrt das Blau in die Felder zurück. Die Blüten stehen in einem Köpfchen zusammen, die Randblüten sind deutlich vergrößert, sie sollen die Blüte attraktiver machen.

Juni – September
20 – 90 cm

Merkmale
Stängel kantig, weich behaart; Blätter graugrün, lang und höchstens 5 mm breit; Blütenköpfe aus großen, unfruchtbaren, leuchtend blauen Randblüten und kleineren, meist rotvioletten inneren Blüten, stehen einzeln an den Stängelspitzen; Früchte mit Haarkranz.

Vorkommen
Pflanze der Getreidefelder, auch an Bahndämmen, auf Schuttplätzen.

MÄRZ

APRIL

MAI

JUNI

JULI

AUG.

SEPT.

DAUERBLÜHER

Juni – September

20 – 60 cm

Merkmale
Aufrechte, kräftige Stängel, die sich im oberen Teil verzweigen; Blätter dunkelgrün, fleischig, lang gezogen, mit glattem Rand; Blütenkopf aus blasslila Zungenblüten und gelben Röhrenblüten.

Vorkommen
Salzwiesen und Röhrichte der Küsten, Brackwasserbereich der Flüsse, aber auch sandige, feuchte, salzhaltige Orte im Binnenland; in ganz Europa zu finden.

Strand-Aster
Aster tripolium

Drei Farben tragen die Blüten der Strand-Aster. Rot ist die Hülle der Blütenkörbchen, blau sind die Zungenblüten am Rande und gelb die Röhrenblüten in der Mitte. Mit diesen dreifarbigen Blüten und ihrer Blühkraft – auf einem Stängel öffnen sich im Sommer oft mehr als 50 Blüten – bringt die Strand-Aster Farbe auf die Strandwiesen europäischer Küsten. Von der Nord- bis zur Ostsee und auch am Mittelmeer ist sie weit verbreitet. Und selbst in den salzigen Steppengebieten Südeuropas kommt sie vor. Sie speichert Süßwasser in ihren fleischigen Blättern. Nimmt sie Salzwasser über die Wurzeln auf, kann sie dieses mit Süßwasser verdünnen und damit verträglicher machen.

MÄRZ

APRIL

MAI

JUNI

JULI

AUG.

SEPT.

DAUERBLÜHER

Wiesen-Witwenblume
Knautia arvensis

Manchmal ist es gar nicht so leicht, die Verwandtschaft einer Pflanze auf den ersten Blick zu erkennen. Die Wiesen-Witwenblume gehört in die Familie der Kardengewächse und ist mit der Wilden Karde verwandt. Im Volksmund ist sie eher als „Knopfblume" bekannt. Sie wächst in trockenen Wiesen und an Ackerrändern, auch in den Äckern selbst. „Rotflügelblümlein" heißt sie auch, weil auf ihren Blüten häufig rotflügelige Schmetterlinge sitzen. Diese sind wegen ihrer Färbung als „Blutströpfchen" bekannt und gehören zur Familie der Widderchen. Die Wiesen-Witwenblume fehlt in einigen Gebieten westlich der Elbe. In den Alpen geht sie bis in Höhen von 1 000 Metern.

Juli – August
30 – 80 cm

Merkmale
Mehrjährige, behaarte Pflanze; Stängel aufrecht, schwach verzweigt; untere Blätter kurzstielig und ungeteilt, obere Blätter tief eingeschnitten; blauviolette, halbkugelige Blütenköpfe, Randblüten deutlich größer als die inneren.

Vorkommen
In trockenen Rasen und Wiesen, an grasigen Böschungen, Weg- und Waldrändern.

MÄRZ

APRIL

MAI

JUNI

JULI

AUG.

SEPT.

DAUERBLÜHER

Juni – September

30 – 60 cm

Merkmale

Stängel zur Blütezeit aufrecht, sonst herabgebogen;
aufrechte, schmale, harte,
schwertförmige Blätter;
kugelige Blütenstände,
untere Köpfchen weiblich,
obere männlich.

Vorkommen

Häufigste Igelkolbenart;
wächst im Röhricht stehender und langsam fließen-
der, nährstoffreicher Gewässer; Verlandungspionier,
Verschmutzungszeiger.

Ästiger Igelkolben
Sparganium erectum

Der Ästige Igelkolben gehört zum typischen
Bild eines Teichufers, wenn das Gewässer
langsam verlandet. Dort steht er mit seiner
Wurzel im weichen Schlamm. Nur Wasser-
tiefen von weniger als einem halben Meter
kann er besiedeln. Die Pflanze bildet zahlreiche schwertförmige Blätter von sechs Zentimetern Breite und 60 Zentimetern Länge.
Auffällig und merkwürdig ist ihr Blütenstand: Er ist verzweigt und trägt auf jedem
Seitenzweig in Bodennähe zwei bis vier
weibliche Blütenköpfe, die an Igel erinnern.
Die männlichen Blüten liegen weiter oben.
Die Bestäubung erfolgt mit dem Wind, die
Samen tragen ein Schwimmgewebe und
sind ein Jahr lang schwimmfähig.

MÄRZ
APRIL
MAI
JUNI
JULI
AUG.
SEPT.
DAUERBLÜHER

Breit-Wegerich
Plantago major

Der Name „Wegerich" ist sehr alt und bezieht sich mit seiner Endsilbe auf das althochdeutsche Wort für König. Er ist also der König der Wege. Diese Pflanze zeichnet sich durch besondere Trittfestigkeit aus, die sie mit etwas ledrigen Blättern erreicht. Typisch ist ihr hoch aufragender Blütenstand, der außerordentlich viele Pollen in den Wind streut. Deshalb ist der Wegerich ein gefürchteter Heuschnupfenerreger. Nur bei feuchtem Wetter sind die Pollensäcke geschlossen. Die Samen sind klebrig und haften an jedem, der vorbei geht oder fährt. Deswegen ist der Wegerich weltweit verbreitet. In der Homöopathie wird er heute gegen Zahnschmerzen eingesetzt.

Juni – September
10 – 30 cm

Merkmale
Breite, eiförmige, von 3–9 parallelen Längsadern durchzogene Blätter, die in einer Rosette am Boden angeordnet sind; unscheinbare grüngelbe Blüten bilden einen ährenartigen Blütenstand, Blütenähre ist so lang wie der Blütenstandsstiel.

Vorkommen
Trittpflanze der Wege und Wegränder, auch auf Weiden und Parkrasen; weltweit verschleppt.

MÄRZ

APRIL

MAI

JUNI

JULI

AUG.

SEPT.

DAUERBLÜHER

Juni – September

30 – 250 cm

Merkmale

Ganze Pflanze dicht mit Brennhaaren besetzt; Stängel kantig; Blätter gegenständig; männliche und weibliche Blütenstände auf verschiedenen Pflanzen, männliche Blütenstände aufrecht, weibliche hängend.

Vorkommen

Auf stickstoffreichen Böden an Wegen, auf Schuttplätzen, in Wäldern und Gebüschen; typischer Stickstoffzeiger; weltweit verbreitet.

Große Brennnessel
Urtica dioica

Wohl jeder hat sich schon einmal an der Brennnessel gebrannt und kennt seitdem diese Pflanze. Doch sie birgt noch heute viele Geheimnisse. Wir wissen, dass die Brennhaare erstaunliche Gebilde aus Kieselsäure sind. Sie tragen ein Köpfchen, das bei der leisesten Berührung abbricht. Wie eine Kanüle bohrt sich dann das Mittelstück in die Haut und injiziert den Brennsaft. Er wirkt durch den Nervenreizstoff Acetylcholin und andere Inhaltsstoffe. Bis ins 18. Jahrhundert flocht man aus den Bastfasern der Brennnessel Netze und Stricke, die die Qualität von Erzeugnissen aus Flachsfasern weit übertrafen. Ein Brennnesseltee aus den Blättern wirkt stoffwechselanregend.

Weißer Gänsefuß
Chenopodium album

Es gibt über 20 Gänsefußarten in Mitteleuropa, die nicht leicht zu unterscheiden sind. Der Weiße Gänsefuß ist an seinen mehlig bestäubten Blättern gut zu erkennen. Die volkstümlich auch „Melde" genannte Pflanze ist ein Kulturbegleiter, wohl schon seit der jüngeren Steinzeit. Ihre jungen Blätter und Sprossspitzen dünstete man wie Spinat oder verwendete sie als Suppeneinlage. In den Pfahlbauten fanden sich Samen, die wie Buchweizen vermahlen wurden. Der Name *Chenopodium* beschreibt treffend die Blattform: Wie ein Gänsefuß. Und dieser Begriff zieht sich durch alle Sprachen. Von polnisch „gesia noga" über finnisch „hanhen-jalka" bis zu russisch „gusinaja lapka".

Juli – September

10 – 100 cm

Merkmale
Einjährige Pflanze, deren Blätter und Stiele mehlig weiß bepudert aussehen; Blätter mit langen Stielen, rautenförmig, manchmal am Rand gezähnt; unscheinbare kleine Blüten bilden einen dichten, ährenartigen Blütenstand am Stängelende.

Vorkommen
Weit verbreitet auf Schutt, an Mauern, Wegrändern und Dorfstraßen, in Äckern.

DAUERBLÜHER | SEPT. | AUG. | JULI | JUNI | MAI | APRIL | MÄRZ

September

Im September nimmt die Zahl der Blütenpflanzen deutlich ab. Nur wenige haben sich den Herbst als Blühzeit ausgesucht. Meist sind es Spezialisten, die aus anderen Lebensräumen zu uns kamen. So stammt die Herbstzeitlose aus den osteuropäischen Steppengebieten und kommt auf unseren Wiesen mit dem Mäh-Rhythmus gut zurecht. In manchen Pflanzenfamilien gibt es ähnlich aussehende Arten, die zeitlich ganz unterschiedliche Nischen besetzen. So hat der Gewöhnliche Löwenzahn seine Hauptblütezeit im Mai, der Herbst-Löwenzahn im September. Auch die Farbenvielfalt lässt jetzt nach. Spät blühende Pflanzen bauen kaum noch auf Insekten als Bestäuber, sondern bestäuben sich meist selbst.

MÄRZ

APRIL

MAI

JUNI

JULI

AUG.

SEPT.

DAUERBLÜHER

Juli – Oktober
20 – 100 cm

Merkmale
Blätter in 3, seltener 5
Abschnitte geteilt; Blütenkörbchen aufrecht, am
Stängelende, besteht nur
aus Röhrenblüten; Samen
tragen 2 mit Widerhaken
besetzte Grannen (Name!).

Vorkommen
Vernässungszeiger, tritt
massenhaft und weit
verbreitet auf nassen
Schlammböden auf; besie-
delt verschmutzte Gräben,
Ufer von Teichen und
Tümpeln.

Dreiteiliger Zweizahn
Bidens tripartita

Noch kann man ohne unangenehme Folgen
an Teichufern entlanggehen, denn noch
zeigt der Zweizahn seine gelben Blüten, die
ein wenig an winzige Sonnenblumen erinnern. Doch nach der Blüte bildet er Früchte
aus, die zwei Grannen wie Hörner tragen
und voller Widerhaken sind. Damit bleiben
sie überall hängen – an Hosenbeinen,
Röcken, Strümpfen oder auch im Hundefell
– und lassen sich kaum entfernen. Das
genau bezweckt der Zweizahn. Phoresie, also
Verbreitung durch Tiere, ist sein Erfolgsrezept. Noch eine weitere Verbreitungsmög-
lichkeit nutzen die Früchte: Sie sind unbe-
netzbar und schwimmen auf der Wasseroberfläche mit jedem Rinnsal mit.

MÄRZ
APRIL
MAI
JUNI
JULI
AUG.
SEPT.
DAUERBLÜHER

Herbst-Löwenzahn
Leontodon autumnalis

Auf den ersten Blick sieht man dem Herbst-Löwenzahn seine Verwandtschaft mit den übrigen Löwenzähnen nicht an. Er erinnert mehr an einen Pippau oder an ein Habichtskraut. Im Mittelalter hieß er auch „Kleines Habichtskraut". Der schwedische Botaniker Linné übersetzte den Namen *Leontodon* wörtlich und nannte diese Pflanzengattung „Löwenzahn". In schlechten Zeiten verwendete man in Sachsen die Wurzeln des Herbst-Löwenzahns als Kaffeeersatz und nannte ihn „Kaffeeblume". Dieser Korbblütler muss sich darauf einstellen, im Herbst nur noch wenige Bestäuber zu haben. Deshalb sind seine Zungenblüten kurz, damit verschiedene Insekten eine Chance bekommen.

Juni – Oktober
15 – 40 cm

Merkmale
Pflanze mit Milchsaft; Stängel gabelig verzweigt; Blattrosette aus langen, schmalen, grob gezähnten Einzelblättern (Name!); Blütenkörbchen nur mit Zungenblüten; Samen mit gelblich weißem Haarkranz.

Vorkommen
Weit verbreitet auf dichten und nährstoffreichen Böden; besiedelt Fettwiesen, Weiden, grasige Feldwege, Park- und Gartenrasen.

MÄRZ

APRIL

MAI

JUNI

JULI

AUG.

SEPT.

DAUERBLÜHER

Juli – Oktober

10 – 30 cm

Merkmale
Einjährige buschige Pflanze mit fleischigen Blättern; köpfchenförmiger Blütenstand aus hellvioletten Blüten; 2-teilige Schotenfrucht.

Vorkommen
Einziger hellviolett blühender Kreuzblütler auf dem übersandeten Flutsaum von Nord- und Ostsee, auch im Mündungsbereich der Meereszuflüsse; liebt salzhaltigen sandigen Boden.

Europäischer Meersenf
Cakile maritima

Herbstspaziergänger am Meer begegnen dem Europäischen Meersenf häufig. Dort blüht diese Blume vor dem Spülsaum auf sandigem Kiesstrand und belebt ihn mit hellvioletten Blüten. Ihre fleischigen Blätter speichern jeden Tropfen des kostbaren Süßwassers, das ihre Wurzeln aus dem blanken Sand aufsaugen können. Manchmal wird die Pflanze auch vom Sand begraben, doch das macht ihr nichts aus. Ihre kriechenden Wurzeln finden immer wieder den Weg zurück ans Licht. Die Gattung *Cakile* ist eine Besonderheit in der großen Familie der Kreuzblütler. Es gibt weltweit nur vier Arten. Drei davon leben an Meeresküsten, die vierte dagegen mitten in der Arabischen Wüste.

Floh-Knöterich
Persicaria maculosa

Der Floh-Knöterich ist eines unserer häufigsten Ackerunkräuter. Von Botanikern wird er als eine Kennart der „Wildkrautgesellschaften von Hackfruchtäckern" bezeichnet. Im Mittelalter hieß er überall „Flöhkraut". Man sollte es in die Kammern und Betten streuen, um die Flöhe zu verscheuchen. Doch oft klagte man auch, dass es nicht wirksam genug sei. Besser geeignet ist dieser Knöterich zusammen mit nahen Verwandten hingegen als Naturmedizin. Zerriebene Blätter, einem heißen Bad zugegeben, bringen Erleichterung bei Rheumatismus. Als Tee zeigen sie blutdrucksenkende Eigenschaften. Auf dem Land heißt das Unkraut wegen seiner roten Stängel heute noch „Rutrich".

Juli – Oktober

10 – 70 cm

Merkmale
Stängel rötlich und wie bei allen Knöterricharten mit deutlichen Knoten (Name!); Blätter wechselständig, lang gestreckt, meistens mit einem schwarzen Fleck auf der Oberseite; purpurrote Blüten, die eine dichte Ähre am Stängelende bilden.

Vorkommen
Bevorzugt stickstoffhaltige Böden; vor allem auf feuchten Äckern, Schuttplätzen, an Gräben und Ufern.

MÄRZ

APRIL

MAI

JUNI

JULI

AUG.

SEPT.

DAUERBLÜHER

August – Oktober
5 – 10 cm

Merkmale
Bekannte Giftpflanze und
letzte Blume des Jahres; zur
Blütezeit blattlos; Blüten
aus 6 violetten Kronblät-
tern, die am Grund zu einer
hellen Röhre verwachsen
sind; Blätter ähneln Tulpen-
blättern, erscheinen mit
dem Stängel im Frühjahr.

Vorkommen
Stark zurückgedrängt, nur
noch auf nicht zu intensiv
bewirtschafteten feuchten
Wiesen.

Herbst-Zeitlose
Colchicum autumnale

Der wissenschaftliche Gattungsname *Colchicum* stammt von Colchis. So bezeichnete
man in der Antike einen Landstrich an der
Ostküste des Schwarzen Meeres, wo diese
Liliengewächse besonders häufig sind. Die
Herbst-Zeitlose ist eine giftige Pflanze. Aus
einer schuppigen Zwiebel im Boden wachsen im Herbst die hohen Blütenstängel mit
den blassvioletten Blüten. Nach der Bestäubung welken die Blüten schnell. Die Fruchtknoten überwintern im Boden und reifen
erst im folgenden Frühjahr zur Frucht. Dann
schiebt die Pflanze auch ihre Blätter und
Stängel aus der Erde. Die giftigen Samen kleben an den Füßen von Weidetieren und werden so verbreitet.

Gewöhnliche Wegwarte
Cichorium intybus

Die in Eurasien und Nordafrika heimische Gewöhnliche Wegwarte war jahrhundertelang eine wichtige Heilpflanze. Man verwendete sie früher zur Blutreinigung. Heute wissen wir, dass ihre Inhaltsstoffe den Blutzucker senken und bei Gallenerkrankungen helfen. Die Dosierung der Wirkstoffe gehört allerdings in kundige Hand. Elisabeth I. von England soll an einem Aufguss aus dieser Pflanze gestorben sein. An den bitteren Geschmack der Wegwarte werden sich viele Ältere noch erinnern, denn in den Kriegsjahren wurde aus ihren Wurzeln ein Kaffeeersatz gemacht. Leicht bitter schmeckt auch ein naher Verwandter der Wegwarte, der Endiviensalat.

Juli – September
20 – 150 cm

Merkmale
Stängel steif, kantig, oben sparrig verzweigt; hellblaue Blüten, die zu zweit oder zu dritt in den oberen Blattachseln stehen; untere Blätter gestielt und tief in dreieckige Lappen geteilt, obere Blätter stängelumfassend.

Vorkommen
Pionierpflanze; wächst auf trockenen Rasen, an Wegrändern, auf Äckern und Schuttplätzen.

MÄRZ

APRIL

MAI

JUNI

JULI

AUG.

SEPT.

DAUERBLÜHER

August – Oktober

5 – 40 cm

Merkmale

Reich verzweigte, fleischige, blattlose Stängel, im Sommer grün, im Herbst rot gefärbt; die Blätter sind zu Schuppen zurückgebildet und mit den Stängeln verwachsen; Blüten versteckt hinter kleinen Schuppen an den keulig verdickten Stängelenden.

Vorkommen

Salzpflanze am Rande des Watts; besiedelt Schlick- und Sandböden an Nord- und Ostsee.

Europäischer Queller
Salicornia europaea

Der Europäische Queller ist eine echte Salzpflanze. Er kann das Kochsalz sogar speichern und damit weitgehend unschädlich machen. Trocknet man eine Pflanze und verbrennt sie, enthält ihre Asche bis zu 75 Prozent Natriumchlorid. Das machte man sich beim Glasschmelzen zunutze: Kochsalz erleichtert das Schmelzen und macht das Glas durchsichtig. Daher nannte man den Queller früher „gelasen Schmaltz". Bei Bad Nauheim hießen diese Pflanzen um 1740 „nackte Männer", weil „sie im Winter bleich sind und allen Saft und Farbe verlieren". An der Nordsee schätzt man den Queller, weil er Schlickflächen schnell besiedelt und bei der Landgewinnung hilft.

244

MÄRZ

APRIL

MAI

JUNI

JULI

AUG.

SEPT.

DAUERBLÜHER

Gewöhnlicher Efeu
Hedera helix

Den etwas fauligen Geruch hat man sofort in
der Nase, wenn man im Herbst an einem
Efeu vorbeigeht. Dann blüht diese Halbschattenpflanze. Doch ihre zwittrigen Blüten
sehen sehr unscheinbar aus. Oft sind sie
über und über von Fliegen bedeckt, die sie
auch bestäuben. Bis zu 20 Meter hoch kann
ein Efeu klettern. Dabei hält er sich mit kleinen Haftwurzeln an Baumstämmen, Felsen
oder Hausmauern fest. In Norddeutschland
begleitet der Efeu häufig die alten Eichen
und wird mit seinem Partner bis zu 400 Jahre alt. Dieser immergrüne Blätterstrauch ist
weit verbreitet. Er kommt von Europa bis
Südwestasien vor und gilt als Symbol der
Unsterblichkeit.

August – Oktober

1 – 20 m

Merkmale
Immergrüner Kletter-
strauch mit Haftwurzeln;
Blätter entweder 3–5-lappig
oder herzförmig ungeteilt;
Blüten in halbkugeligen
Dolden an den Stängelen-
den, riechen faulig; erbsengroße Beerenfrüchte, zu-
nächst grün, reif schwarz,
giftig.

Vorkommen
Schattige Laubmischwälder
mit mildem Klima und
hoher Luftfeuchte; häufig in
küstennahen Waldgebieten.

MÄRZ

APRIL

MAI

JUNI

JULI

AUG.

SEPT.

DAUERBLÜHER

Dauerblüher

Das Licht steuert viele Lebensprozesse bei den Pflanzen. Auskeimen, Wachsen und Blühen sind meist lichtgesteuert. Es gibt Langtagpflanzen, die nur dann blühen, wenn sie täglich zwischen zehn und vierzehn Stunden Licht bekommen. Hierzu gehören die meisten unserer Sommerblumen. Kurztagpflanzen dagegen brauchen nur etwa sieben Stunden Licht pro Tag, um blühen zu können. Zu ihnen zählen viele Herbstblüher. Ganz unabhängig von der Tageslänge können einige Pflanzen wie Gänseblümchen, Schöllkraut und Vogelmiere leben. Man nennt sie auch tagneutrale Pflanzen. Oft blühen diese Arten fast das ganze Jahr, die Weiße Taubnessel sogar noch Anfang Dezember.

❀

MÄRZ

APRIL

MAI

JUNI

JULI

AUG.

SEPT.

DAUERBLÜHER

Februar – November

5 – 40 cm

Merkmale

Blüten klein, weiß, wenige ungeteilte Stängelblätter und eine Rosette aus Blättern an der Stängelbasis; dreieckig-herzförmige Frucht, die mit der Herzspitze am Stiel sitzt.

Vorkommen

Weit verbreitetes, durchsetzungsstarkes Wildkraut, wächst auf fast allen brachliegenden Bodenflächen, auf Äckern, Schuttplätzen, an Wegen und in Gärten; gilt als Kulturbegleiter.

Gewöhnliches Hirtentäschel
Capsella bursa-pastoris

Weil seine herzförmigen Früchte den ledernen Taschen ähneln, die Hirten früher mit aufs Feld nahmen, hieß das Hirtentäschelkraut bei den Botanikern des 16. Jahrhunderts „Hyrtenseckel". Die ursprüngliche Heimat dieser Pflanze ist das Mittelmeergebiet. Von dort hat sie sich über alle gemäßigten Klimazonen der Erde verbreitet. Es gibt wohl keinen Gartenbesitzer, der sie nicht schon als lästiges Unkraut bekämpft hat. Aber kaum jemand weiß, dass dieser unscheinbare Kreuzblütler seit dem Altertum eine geschätzte Heilpflanze ist. Besonders im Mittelalter war das Hirtentäschelkraut für die Behandlung innerer Blutungen oft das einzige Mittel in der Hand des Arztes.

Vogelmiere
Stellaria media

Man braucht der kleinen Pflanze nur einmal genau auf die Blüte zu schauen, dann weiß man, woher sie ihren lateinischen Gattungsnamen hat. *Stellaria* bedeutet „kleiner Stern", und tatsächlich ist jedes der fünf Kronblätter der Vogelmiere so tief gespalten, dass ein zehnstrahliger weißer Blütenstern entsteht. „Steerntje" wird sie deshalb in Friesland genannt, „Steernblom" in Hamburg und „Morgenstern" am Rhein. Außer an Frosttagen blüht die Vogelmiere das ganze Jahr. Bei sonnigem Wetter sind ihre Blüten tagtäglich von morgens bis mittags geöffnet. Obwohl sie von den verschiedensten Insekten angeflogen werden, bestäuben sie sich weitgehend selbst.

Januar – Dezember
5 – 30 cm

Merkmale
Wächst in dichten Rasen; typisches Erkennungszeichen ist eine einzelne Haarlinie am Stängel entlang; Blätter gegenständig, breit eiförmig und spitz zulaufend; Blütenblätter tief gespalten.

Vorkommen
Indikatorpflanze für sehr gut mit Stickstoff versorgte Böden; überall in Mitteleuropa auf Äckern und in Gärten.

MÄRZ

APRIL

MAI

JUNI

JULI

AUG.

SEPT.

DAUERBLÜHER

Februar – Dezember

3 – 15 cm

Merkmale

Eine der bekanntesten Wildpflanzen; Blütenstängel behaart, ohne Blätter; die Blätter bilden eine Rosette direkt am Boden; Körbchenblüte aus weißen Zungenblüten und gelben Röhrenblüten.

Vorkommen

Von der Ebene bis in Höhen von 2000 m in Wiesen, auf Weiden, an Wegrändern und auf Parkrasen; Formen mit gefüllten Blüten sind beliebte Zierpflanzen.

Gänseblümchen
Bellis perennis

Sein botanischer Artname *perennis* besagt schon, dass das Gänseblümchen ein Dauerblüher ist. Und tatsächlich blüht es von der Ebene bis hinauf in die Berge fast das ganze Jahr. Die anmutige Blume zeigt ihre gelben Röhrenblüten und die weißen Zungenblüten aber nur an schönen Tagen. Steht die Sonne hoch am Himmel, sind die Zungenblüten flach ausgebreitet. Bei Bewölkung verkleinert sich die Blüte und nachts schließt sie sich zur Knospe. Für die Germanen war das Gänseblümchen eine wichtige Heilpflanze. Es kam vor allem als Wundkraut zum Einsatz. Heutige Kräuterkundige empfehlen bei Prellungen zerdrückte Gänseblümchen als kühlende und schmerzstillende Soforthilfe.

MÄRZ

APRIL

MAI

JUNI

JULI

AUG.

SEPT.

DAUERBLÜHER

Weiße Taubnessel
Lamium album

Um das Herz fröhlich zu machen, dem
Gesicht frische Farbe zu geben und den
Lebensgeist zu erfrischen, hatte der englische
Kräuterkundler Gerard im 16. Jahrhundert
ein besonderes Rezept: Man koche die Blüten der Weißen Taubnessel mit etwas Honig
aus und trinke den Saft. Diese nektarreiche
Blume ergibt viel Süße, früher gab sie auch
Puddings einen unvergleichlichen Geschmack. Allerdings hat die frische Pflanze
einen unangenehmen Geruch, der aber
beim Trocknen verschwindet. Die Einsatz-
möglichkeiten sind vielfältig. Sogar Tauben-
züchter verwenden die gestoßenen Blütenblätter, um Verdauungsstörungen ihrer
Zuchttauben zu heilen.

April – November
15 – 50 cm

Merkmale
Brennnesselartige Pflanze
ohne Brennhaare; Stängel
4-kantig; Blätter kreuzweise
gegenständig, ähneln
denen der Brennnessel;
Blüten weiß, in Quirlen zu
5–8 in den Blattachseln.

Vorkommen
Heimat Sibirien, heute in
ganz Europa verbreitet auf
stickstoffreichen Böden;
bildet an Wegrändern,
Bahndämmen und Schutt-
plätzen dichte Bestände.

MÄRZ

APRIL

MAI

JUNI

JULI

AUG.

SEPT.

DAUERBLÜHER

April – November
20 – 90 cm

Merkmale
Pflanze mit gelbem Milch-
saft; Stängel behaart, bricht
leicht ab; Blätter gefiedert,
unterseits blaugrün bereift;
Blüten mit 4 leuchtend
gelben Kronblättern, bei
schlechtem Wetter ge-
schlossen; schotenförmige
Kapselfrucht mit schwarz
glänzenden Samen.

Vorkommen
Stickstoffzeiger, liebt reiche, frische Böden; häufig
auf Schutt, an Böschungen
und Wegrändern.

Schöllkraut
Chelidonium majus

Das Schöllkraut aus der Familie der Mohn-
gewächse findet man überall in Europa an
alten Gemäuern, Zäunen und Wegrändern.
Sein botanischer Gattungsname leitet sich
wohl vom griechischen *kelido* (beflecken) ab
und verweist auf den orangefarbenen Milchsaft, der in allen Teilen der Pflanze enthalten
ist und bei Berührung die Haut braun färbt.
Dieser unangenehm riechende, ätzende Saft
enthält eine Reihe von Alkaloiden und ist als
Warzenmittel sehr wirkungsvoll. Deshalb
heißt das Schöllkraut im Volksmund auch
„Warzenkraut". Seine schwarz glänzenden
Samen tragen ein ölhaltiges Anhängsel als
„Bonbon" für Ameisen, die für die Verbreitung sorgen.

MÄRZ

APRIL

MAI

JUNI

JULI

AUG.

SEPT.

DAUERBLÜHER

Sonnenwend-Wolfsmilch
Euphorbia helioscopia

Die Familie der Wolfsmilchgewächse umfasst 290 Gattungen mit 7500 Arten. Hochwüchsige Holzgewächse gehören ebenso dazu wie mehrjährige Stauden und einjährige Wildkräuter. Ein solches Wildkraut ist die Sonnenwend-Wolfsmilch, ein Kulturbegleiter seit der jüngeren Steinzeit und eines unserer häufigsten Unkräuter. Sie liebt nährstoffreiche Böden und wächst überall in der Nähe menschlicher Siedlungen. Wenn ihre gefächerten Fruchtkapseln reif sind, kann man die Pflanze nicht nur sehen, sondern auch hören: Die Fächer reißen mit einem Knall auf und verschießen die Samen. Diese sind wegen ihrer ölhaltigen Anhängsel bei Ameisen sehr begehrt.

April – Oktober

5 – 40 cm

Merkmale
Pflanze mit weißem Milchsaft; spatelige Blätter, vorn fein gesägt; 5-strahliger Blütenstand, der aus einem Quirl von 5 Blättern aufsteigt, Einzelblüten wenden sich immer der Sonne zu (Name!).

Vorkommen
Häufig, wächst aber meist nur in der Nähe menschlicher Siedlungen, auf Kartoffel- und Rübenäckern, in Weinbergen, auf Gartenland, auf Schutt.

MÄRZ

APRIL

MAI

JUNI

JULI

AUG.

SEPT.

DAUERBLÜHER

Januar – Dezember

10 – 40 cm

Merkmale
Einjährige Pflanze, unregelmäßig verzweigt; Blätter ringsum gezähnt, unterseits oft mit weißem Haarfilz; Blüte gelb, äußere Hüllblätter der Blüte an der Spitze schwarz; löwenzahnähnlicher Fruchtstand.

Vorkommen
Häufiges Wildkraut; wächst auf Äckern und in Weinbergen, in Gärten, auf Wegen und Rasen; liebt nährstoffreiche, frische Böden.

Gewöhnliches Greiskraut
Senecio vulgaris

Das kleine Kraut wächst als Kulturbegleiter von der Ebene bis in Höhen von 2000 Metern nahezu überall. Auf Mähwiesen ist es aber unerwünscht, denn größere Mengen dieser Pflanze im Heu können für das Vieh gefährlich werden. Das Greiskraut enthält giftige Alkaloide, die falsch dosiert zu schweren Schäden führen. Das bekannteste ist das Senecionin. Greiskrautblüten bestehen nur aus Röhrenblüten und bestäuben sich meist selbst. Die kleinen Früchtchen tragen einen Haarschopf und werden vom Wind verbreitet. Diesem weißen Schopf, der an ein Greisenhaupt erinnert, verdankt die Pflanze ihren botanischen Gattungsnamen: *Senecio* geht auf *senex*, Greis, zurück.

MÄRZ

APRIL

MAI

JUNI

JULI

AUG.

SEPT.

DAUERBLÜHER

Gewöhnlicher Löwenzahn
Taraxacum officinale

Im Mai leuchten die gelben Blüten dieses Löwenzahns millionenfach aus gut gedüngten Wiesen und Weiden. Dann hat die Pflanze ihre Hauptblütezeit. Aber die kräftige Pfahlwurzel bildet bis weit in den Herbst hinein Blätter und Blüten, wenn auch nicht in diesem Ausmaß. Bekannt ist die große Regenerationsfähigkeit der Löwenzahnwurzel: Halbiert man sie der Länge nach und pflanzt beide Teile ein, so entwickelt sich aus beiden Wurzelhälften wieder eine normale Pflanze. Löwenzahnblüten werden von Bienen gern besucht, aber die Samenbildung erfolgt weitgehend ohne Befruchtung. Für die Samenverbreitung sorgen der Wind, Weidetiere, Vögel und auch der Mensch.

März – November

5 – 50 cm

Merkmale
Pflanze mit Milchsaft; Stängel hohl, ohne Blätter; Blätter in einer Rosette am Boden, tief eingeschnitten, gezähnt; gelber Blütenkopf aus vielen Zungenblüten, wird nach dem Verblühen zur „Pusteblume".

Vorkommen
Wächst oft massenhaft üerall auf gut gedüngten Wiesen und auf Gartenrasen, an Straßen- und Wegrändern.

MÄRZ

APRIL

MAI

JUNI

JULI

AUG.

SEPT.

DAUERBLÜHER

April – November

10 – 20 cm

Merkmale

Einjährige Pflanze mit stark verzweigten, manchmal behaarten Stängeln; untere Blätter eiförmig, obere etwas schmaler; gelbe Blüte mit einem nach unten und 4 schräg nach oben gerichteten Kronblättern.

Vorkommen

Als Kulturbegleiter weltweit verbreitet; wächst überall auf Äckern und in Gärten; ohne besondere Ansprüche an den Boden.

Acker-Stiefmütterchen
Viola arvensis

„Unkräuter" haben ihr Gutes. Ihre Wurzeln lockern die oberste Bodenschicht, ihre Blätter beschatten den Boden und verhindern die Austrocknung durch Sonne und Wind. Sie schaffen somit ein günstiges Mikroklima. Doch unter den heutigen Produktionsbedingungen wurden 24 Wildkräuter zu schädlichen Unkräutern erklärt. Das Acker-Stiefmütterchen gehört dazu. Es wächst in Halm- und Hackfruchtkulturen. Die Bekämpfung der Ackerunkräuter erfolgt heute überwiegend mit Herbiziden. Diese schädigen Unkräuter, aber nicht die Feldfrüchte. Doch durch Herbizideinsatz wurden Stiefmütterchen von einem Meter Höhe ausgelesen, die kaum noch bekämpfbar sind.

MÄRZ

APRIL

MAI

JUNI

JULI

AUG.

SEPT.

DAUERBLÜHER

Gewöhnlicher Erdrauch
Fumaria officinalis

Die unscheinbare Pflanze wächst überall als
Unkraut auf Äckern und ist einer unserer
ältesten Kulturbegleiter. Schon in der Jung-
steinzeit kannte man den Erdrauch mit seinen zahlreichen Anwendungen. Er hilft ausgezeichnet bei Leberbeschwerden, hat blut-
reinigende und magenstärkende Eigenschaften. Bei Damen der Gesellschaft des
18. Jahrhunderts wurde ein Auszug der
Pflanze gegen Sommersprossen angewendet. Woher kommt der seltsame Name? Er
leitet sich von dem lateinischen Wort *fumus*
für Rauch ab. Nach den Aufzeichnungen des
Geschichtsschreibers Plinius lässt diese
Pflanze mit ihrem scharfen Saft Tränen in
die Augen schießen, wie es auch Rauch tut.

April – Oktober

10 – 40 cm

Merkmale
Einjähriges Wildkraut;
Blätter graugrün (rauch-
ähnlich) gefärbt, wechselständig, mehrfach fiedrig
geteilt, Einzelblättchen tief
eingeschnitten; 20–40
Blüten bilden eine lockere
Traube, Kronblätter der
purpurroten Einzelblüten
an der Spitze schwarzrot.

Vorkommen
Auf brachliegendem Land,
besonders auf lehmigen
Böden von Äckern, Wein-
bergen und Gärten.

MÄRZ

APRIL

MAI

JUNI

JULI

AUG.

SEPT.

DAUERBLÜHER

März – Oktober

15 – 60 cm

Merkmale
Stängel 4-kantig, Blätter kreuzweise gegenständig, herzförmig, runzelig, ohne Brennhaare; Blüten zu mehreren in den Achseln der mittleren und oberen Blätter, auffällig ist die Fleckung der Blütenunterlippe (Name!).

Vorkommen
Häufig in Wäldern und an Waldrändern, auch in Hecken- und Gebüschsäumen; Halbschattenpflanze, Nährstoffzeiger.

Gefleckte Taubnessel
Lamium maculatum

Während die Weiße Taubnessel vorwiegend am Straßen- oder Ackerrand wächst, zieht es die Gefleckte Taubnessel als Halbschattenpflanze eher in feuchte, schattige Wälder oder Gebüsche. Diese Pflanze ist unverkennbar, aber auch sehr variabel. Manchmal ist ihr Stängel rot überlaufen, manchmal auch nicht. Gelegentlich wird sie nur 20 Zentimeter groß, dann wieder dreimal so hoch. Im Dickicht bildet sie gelegentlich oberirdische Ausläufer, die Wurzeln schlagen. Auffällig sind auch die oft unterschiedlichen Blätter: die unteren sind länger gestielt als die oberen. Dadurch beschatten sie sich nicht gegenseitig und nutzen das im Wald ohnehin spärliche Licht besser aus.

MÄRZ

APRIL

MAI

JUNI

JULI

AUG.

SEPT.

Rote Taubnessel
Lamium purpureum

Offensichtlich will die Rote Taubnessel gar nicht von Blütenbestäubern gefunden werden. Zu oft sind ihre Blüten der obersten Etage geschlossen. Solche Blüten bestäuben sich häufig selbst. Doch diejenigen, die sich öffnen, zeigen wunderbare Anpassungen für Insekten. Die Taubnesselblüte besteht aus einer helmförmigen Oberlippe zum Schutz der Staubgefäße vor Regen und einer breiten Unterlippe. Diese ist wie eine Landefläche für Sechsbeiner geformt und trägt eine Zeichnung. Wer hier landet, das kann man einem Volksnamen entnehmen: „Roude Hummel" heißt die Pflanze in Mittelfranken. Im Rheinland wird sie „Fingerlutsch" genannt, ihr Nektar ist sehr süß.

Januar – Dezember

5 – 30 cm

Merkmale
Einjährige Pflanze mit unangenehmem Geruch; Blätter gegenständig, runzelig, weich behaart, oft rötlich überlaufen; Blüten in den Achseln der oberen Blätter in 3–6 Stockwerken übereinander, rosa bis purpurrot.

Vorkommen
Auf Äckern, in Weinbergen, Gärten und an Wegrändern weit verbreitet; liebt frischen, lockeren Boden; meidet Schatten.

DAUERBLÜHER

MÄRZ

APRIL

MAI

JUNI

JULI

AUG.

SEPT.

DAUERBLÜHER

März – Dezember

10 – 40 cm

Merkmale
Kräftiger Stängel; Blätter gegenständig, gestielt, glänzend; aus den Achseln der mittleren und oberen Blätter wachsen einzelne gestielte Blüten, himmelblau mit dunkelblauen Adern.

Vorkommen
Kam im frühen 19. Jahrhundert aus Westasien nach Europa, breitete sich schnell aus; bildet heute dichte Bestände in Äckern, Gärten, an Wegen.

Persischer Ehrenpreis
Veronica persica

Wenn im März die Schneeglöckchen ihre Blütenglocken öffnen, sieht meist niemand unter die Gartenhecke. Dort blüht um diese Jahreszeit ein kleines, unscheinbares Blümchen mit himmelblauen Blüten. Diese Pflanze kam vor 200 Jahren aus den Gebirgen zwischen Schwarzem Meer und Himalaya zu uns. Seither ist der Persische Ehrenpreis fast auf der ganzen Erde ein häufiges Acker- und Gartenunkraut. In England nennt man ihn wegen seiner auffälligen Blüten „cat's eyes", Katzenaugen. Auch die Schweiz schließt sich dieser Namensgebung an und nennt ihn „Chatzenäugli". Seine Samen werden zwar von Felltieren weitergetragen, doch häufiger breitet er sich über Ausläufer aus.

MÄRZ

APRIL

MAI

JUNI

JULI

AUG.

SEPT.

DAUERBLÜHER

Thymian-Ehrenpreis
Veronica serpyllifolia

Wenn der kurz gehaltene Rasen im Garten oder im Park etwas lückig wird, dann kommt dieser Ehrenpreis. Als kriechende Pionierpflanze erobert er sich schnell solche offenen Stellen. Allerdings nur auf lehmigen, nährstoffreichen Böden, die viel Wasser speichern. Und weil er dicht am Boden wächst, entkommt er auch dem Rasenmäher und kann sich rasch ausbreiten. Der früher gebräuchliche Name „Quendel-Ehrenpreis" stammt aus dem Jahr 1576. Der Botaniker Matthias Lobelius beschrieb diese Pflanze und entdeckte die Ähnlichkeit ihrer Blätter mit denen des Quendels, der lateinisch *serpyllum* hieß. Linné übernahm diesen Namen später. Der Quendel heißt heute Thymian.

April – September
5 – 30 cm

Merkmale
Stängel meist aufrecht, etwas behaart; untere Blätter gegenständig, in der Mitte und oben wechselständig, meist ganzrandig, erinnern an Thymianblätter; Blüten klein, wasserblau mit dunklen Adern, stehen einzeln in den oberen Blattachseln.

Vorkommen
Sehr häufig und in dichten Beständen auf Fettwiesen, Weiden, Garten- und Parkrasen.

261

MÄRZ

APRIL

MAI

JUNI

JULI

AUG.

SEPT.

DAUERBLÜHER

April – Oktober

10 – 40 cm

Merkmale

Gesamte Pflanze weich behaart; gestielte, in einer Rosette angeordnete Grundblätter und ungestielte, lange, schmale Stängelblätter; Blüten in dichter Traube am Stängelende.

Vorkommen

Häufigste und am weitesten verbreitete der 12 heimischen Vergissmeinnichtarten; auf lehmigen Böden von Äckern, Feldwegen, Gebüschrändern, Schuttplätzen.

Acker-Vergissmeinnicht
Myosotis arvensis

Kennzeichen vieler Raublattgewächse sind Blätter mit dichtem Haarpolster. Beim Küchengewürz Borretsch ist das besonders auffällig, aber auch beim zarten Acker-Vergissmeinnicht deutlich zu fühlen. Und weil die Blätter außerdem so klein sind, heißt diese Pflanze auf dem Land manchmal „Mausöhrlein". Doch für viele war einleuchtender, die himmelblaue Blüte mit ihrem goldgelben Ring mit dem Auge eines schönen Mädchens zu vergleichen und die Pflanze deshalb „Vergissmeinnicht" zu nennen. So hat sich dieser Name durchgesetzt. Die kleine Blume ist eines der häufigsten Ackerunkräuter. Sie wächst im unteren Stockwerk von Getreide oder Hackfrüchten.

Spitz-Wegerich
Plantago lanceolata

Diese Pflanze wächst wirklich an jedem Weg
durch die Felder, und sie hat spitz zulaufen-
de Blätter. Damit erklärt sich der Name einer
der bekanntesten Arzneipflanzen. „Den
Wegerich hat der liebe Gott an alle Wege
gestreut, damit wir ihn stets bei der Hand
haben", schrieb Kräuterpfarrer Künzle. Sein
Rezept: Bei Insektenstichen und Verletzun-
gen hilft ein Brei aus den Blättern. Pfarrer
Kneipp riet, die Blätter auszupressen und
den Saft mit Honig einzudicken. Diese Arz-
nei ist antibiotisch wirksam und auch ein
gutes Hustenmittel. Und heute? Heute ist
der bekannte Sternekoch Vincent Klink der
Meinung: „Spitzwegerich und Löwenzahn –
das reicht für den besten Salat".

April – Oktober
10 – 40 cm

Merkmale
Blätter 10–20 cm lang, aber
nur 2 cm breit, mit gut
sichtbaren längs verlaufen-
den Adern; Blütenstängel
blattlos; winzige braunwei-
ße Blüten mit langen Staubfäden bilden eine Ähre am
Stängelende.

Vorkommen
In ganz Europa weit ver-
breitet und sehr häufig auf
nährstoffreichen Böden, auf
Wegen, Feldrainen, Wiesen
und Weiden; ausgespro-
chen trittfest.

Register

Register

Register

Mit 243 Farbfotos von **Ewald, G.** (S. 154), **Hecker, F.** (S. 25, 34, 37, 53, 57, 73, 76, 106, 130, 131, 165, 190/191 [August: Blick über blühende Salzwiesen mit Gewöhnlichem Strandflieder und Dünentümpeln auf der ostfriesischen Insel Norderney], 199, 240), **Hecker, F./Sauer, F.** (S. 70), **Jacobi, K.-H.** (S. 35, 49, 83, 107), **König, R.** (S. 6 beide, 21, 28, 29, 43, 44, 47, 58, 66, 68, 75, 77, 88, 113, 123, 136, 179, 189, 195, 201, 233, 245, 246/247 [Dauerblüher: Schöllkraut], 251), **Laux, H.** (S. 39, 64, 79, 80, 84, 86, 87, 91, 96, 103, 140, 145, 147, 150, 151, 155, 158, 176, 185, 187, 192, 198, 214, 220, 222, 223, 224, 228, 229, 230, 232, 242, 249, 256, 259, 260, 262), **Layer, W.** (S. 129, 236/237 [September: Herbst-Zeitlose]), **Pforr, M.** (S. 7, 26, 31, 32/33 [April: Schlüsselblumen, Lerchensporn, Scharbockskraut], 50, 52, 54/55 [Mai: Teich mit Sumpf-Schwertlilien], 56, 61, 81, 82, 85, 89, 95, 98, 99, 100, 105, 108, 118, 119, 125, 126, 128, 134/135 [Juli: Blumenwiese mit zwei Eschen in der Hoch-rhön], 138, 139, 144, 161, 162, 164, 166, 171, 183, 184, 188, 196, 205, 208, 209, 213, 218, 221, 225, 227, 231, 257), **Pott, E.** (S. 8, 42, 51, 60, 62, 69, 71, 74, 90, 94, 102, 157, 175, 180, 216, 217, 219, 244, 250), **Reinhard, H.** (S. 2/3 [Wiesen-Glockenblumen mit Wiesen-Klee und Gewöhnlichem Hornklee], 22, 24, 38, 40, 63, 65, 67, 72, 78, 97, 101, 104, 110, 114, 115, 116, 120, 124, 132, 133, 141, 143, 146, 153, 163, 169, 172, 173, 177, 181, 186, 193, 194, 197, 200, 202, 203, 204, 206, 207, 211, 212, 226, 235, 241, 243, 248, 254, 258), **Schmidt, R.** (S. 18/19 [März: Frühlings-Krokus vor Alpenpanorama], 20, 121, 122, 149, 174, 255), **Vogt, J.** (S. 152), **Wagner, K.** (S. 46, 148, 167, 238, 253, 261), **Willner, W.** (S. 23, 27, 30, 92/93 [Juni: Typische Ackerwildkräuter: Klatsch-Mohn, Kornblume, Kamille], 111, 117, 127, 142, 168, 170, 210, 234, 239, 263), **Zeininger, P.** (S. 41, 48, 59, 112, 137, 156, 159, 178), **Zeininger, P./Kühn, M.** (S. 36, 45, 109, 160, 182, 215, 252)

KOSMOS

Faszination Natur

Sicher erkennen und bestimmen

Von der winzigen Alge bis zur riesigen Eiche: Dieser Naturführer bietet zu über 900 Arten in mehr als 1.300 Farbfotos eine unübertroffene Gesamtschau der Pflanzenwelt Mitteleuropas. Zusätzliche Bilder zeigen Einzelheiten wie Blätter, Blüten oder Früchte.

Stichmann-Marny/Stichmann
Der neue Kosmos-Pflanzenführer

448 Seiten
1.258 Abbildungen

ISBN
3-440-07364-5

Lernen Sie die Tierwelt Mitteleuropas kennen. Dieser Tierführer zeigt fast 900 Tierarten in mehr als 1.300 Farbfotos. Die Texte nennen wichtige Merkmale und vor allem Wissenswertes, das hilft, sich die Arten besser einzuprägen. Der ideale Naturführer für die ganze Familie!

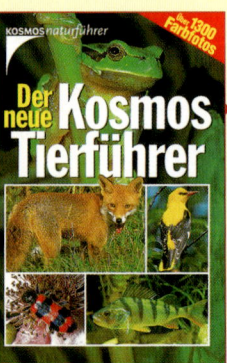

Stichmann/Kretzschmar
Der neue Kosmos-Tierführer

448 Seiten
1.430 Abbildungen

ISBN
3-440-07067-0